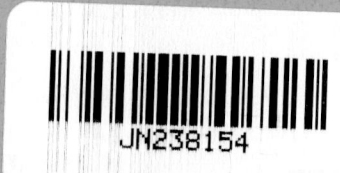

リッツ・カールトンで育《はぐく》まれた

ホスピタリティノート

人の心をとらえて離さない！

高野 登

前リッツ・カールトン日本支社長
人とホスピタリティ研究所所長

かんき出版

ホスピタリティの実践を目指す仕事のプロたちへ――まえがきにかえて

ホスピタリティ・ビジネスという素晴らしい舞台を通して、多くの経営者やビジネスパーソン、文化人の方々と出会う機会をいただきました。また、ホテル業界のリーダーたちからも多くのことを学びました。

そのなかで、一流といわれる人には「３つの共通点」があることに気が付いたのです。

・周りに対する気配りが中途半端ではない

・常に自分の部下やスタッフを盛り上げようとする

・自分もワクワクと仕事や人生を楽しんでいる

つまり、自分も周りの人も幸せになる、まさに「仕事のプロ」の方たちの業《わざ》だと思いました。実は、これこそホスピタリティの原点なのです。

たとえば、リッツ・カールトンの創立者であるホルスト・シュルツィ氏。私にとって彼と働いた12年間は、まさに珠玉の時間でした。彼が折りに触れて熱い口調で、次のように語り続ける姿を間近に見てきて、多くのことを学び、育まれました。

『我々の判断基準はただ一つ。それは本当にお客様のためになるのか。That is it！（その一点だけだ）』

『我々が働いているのはホテル産業ではない。サービス産業、ホスピタリティ産業である』

『社員にビジョン無き仕事をさせることは、リーダーが犯しうる最大の罪悪である』

　これらの一つひとつの言葉は、私の『ホスピタリティノート』に大切に記録され、彼の目の輝きや溢《あふ》れ出るパッションとともに、心のメモリーにしっかりと保存されていきました。

　彼はまた、次のように言っていました。「自分は必ずしも洗練された器用なタイプではなかったんだよ。むしろ不器用で、水はこぼす、お皿を割るなどの失敗も多かったけど、自分には一つの才能があった。それは、目の前の相手に真剣に向き合うことができること。そして相手の思いに自分の心を寄り添わせて、対話をすることが大好きであったということだね」と。

　私を含め世界中にいるシュルツィ・ファンは、こうした彼の心の姿勢——人の気持ちをとらえて離さない心の立ち位置に、魅了されたのだと思います。

入社して間もない頃、シュルツィ氏が私にこんな話をしてくれたことがあります。

「人が仕事をするうえで一番嬉しいことは何か。それは、自分をきちんと評価してくれる人、自分の思いや考えを共有できる人、つまり自分に関心を持ってくれる人が近くにいることだ」

「では、どんな時に一番つらいと感じるか。それは、自分は誰にも関心を持たれていない、自分の存在そのものが無視されている、と感じる時だ」

「人に関心を持つ」というキーワードが、私のノートに記録され、心の奥に深く刻まれた瞬間でした。

アメリカのある研究所でこんな実験が行われたそうです。部屋を３つ用意し、そこにそれぞれ同じ咲き頃の花を入れておきます。最初の部屋の花には、頻繁に、「キレイだね。いいお花だね」とほめ言葉をかけます。２番目の花には、「汚い花だなぁ。役にたたないなぁ」とけなすような言葉を投げかけます。そして３番目の花は、水やりの時以外はノックすらせずに、終日無視してそのまま放っておくのです。

結果は、何度実験を繰り返しても、無視された３番目の部屋の花が最初に枯れ、ほめ続けられた花が一番長持ちするのだそうです。花でさえも関心を持たれないと、すぐに枯れて死んでしまう。逆に声を掛けるなど、関心を示していると花の生命も長く輝き続ける。

では、人の「心」という花を枯らさないためには、どうすればいいのでしょうか。

4

35年間のホテルマン人生を通して出会った大切な言葉や物語、自分の考えや思いをメモしてきたノートは、私にとってまさに「感性の宝石箱」です。そのノートからは、わずかながらではありますが、自分の成長のプロセスを垣間見ることができます。そして、

「人としての成長は、ホスピタリティを体現すること。つまり相手の想いに関心を持ち、そこに自分の心を寄り添えて対話をする姿勢を示すこと――それが〝幸せな仕事のプロ〟になる第一歩であること」

という原点に、改めて思い至りました。

人と人とのコミュニケーションから生まれる温かいおもてなしの心、それが「ホスピタリティ」であり、人のつながりが希薄になりつつある今、あらゆる業態で、その感性が強く求められていることを痛感します。

ここにもう一つの真実があります。

私を育ててくれたもう一人の恩師、ニューヨーク・プラザホテル総支配人のヒューズ氏の次の言葉です。

「お客様が感じてくださるワクワク感は、そのホテルのスタッフが醸し出すワクワク感を超えることは、決してないのだ」

感動という物語を紡《つむ》ぐお手伝いをするためには、まずは自分がワクワクと働き、いい時間を過ごすこと。

そのためには、自らが「いい言葉といい物語」にどんどん出合うこと——そうして自分の心を豊かに、しなやかに、たくましくしていく。それがホスピタリティ体現への第一歩ではないかと思うのです。

2010年7月

高野　登

Contents

1 ホスピタリティの実践を目指す仕事のプロたちへ
——まえがきにかえて

9 第1章
人は満足しても感動しない
どんなに素敵で豪華なサービスでも、それでお客様は本当に感動なさるのでしょうか。実は「満足」と「感動」は別の感情のようです。そしてサービスを超えて生まれる感動は、サービスを施す自分の側も同じく感動するものです

37 第2章
サービスのプロが大切にしていること
100人のお客様がいれば、そこには100通りのサービスがあります。また同じく、クレームも千差万別です。心からのおもてなし、ホスピタリティには画一的な正解はありません。それを横着せずに成し遂げるのが仕事のプロなのです

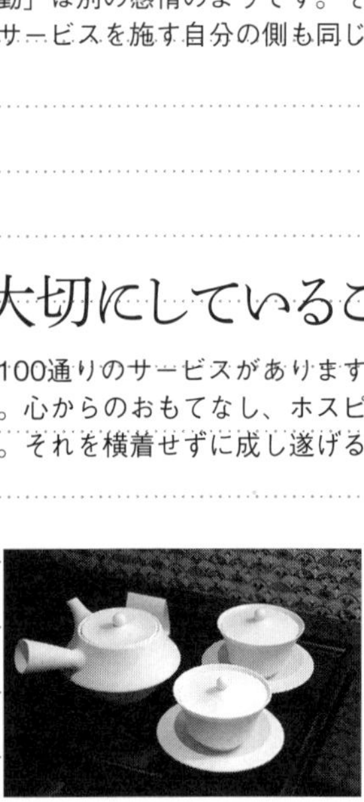

69 第3章
感性を磨ける人になる

サービスの仕事――キャリアが長いからといって、お客様に喜んでいただけるような振る舞いができるものでしょうか。時代は量から質の競争へと移り変わり、経験も大切ですが、より個人の感性や情熱が重視されているのです

93 第4章
サービスの達人たちが持っている
「アンテナ」と「レーダー」とは

お客様の発するメッセージを受信するアンテナと、自分のほうから電波を発信してご要望を探るレーダー。ホスピタリティの達人はこの両方のパワーを十二分に使い、お客様が声にされない願望やニーズに先回りしてお応えするのです

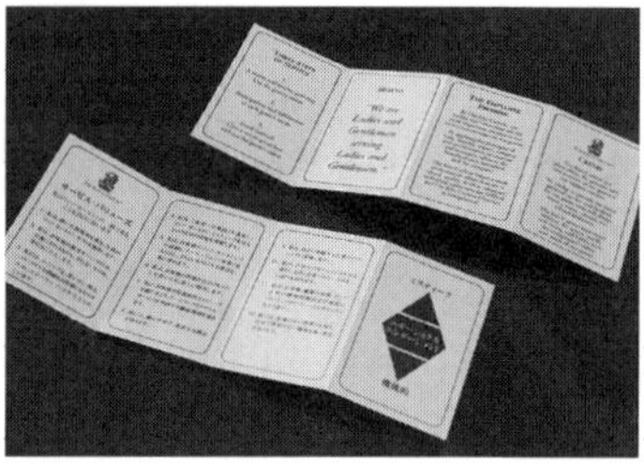

119 第5章
相手の幸せのために、
まず自分が成長する

働く側の満足度が5点だとした場合、果たしてお客様に対して6点のサービスができるでしょうか。自分がストレスを抱えていたり、いまの仕事に不満があるとき。そんな気持ちでは決して「お客様を幸せに」できるはずがありません

149 第6章
ホスピタリティは人と人との対話から

「ありがとう。あなたに助けていただいて本当に良かった」――ホスピタリティの原点には、お客様からの「感謝」があります。これは決して一方通行のサービスからは生まれません。そこには対話から生まれた暖かな交流があります

172 あとがき

Hospitality Note

第1章
人は満足しても感動しない

1

お客様が感動するのは満足したときではなく「物語」が生まれたとき！

ドキッとして、思わずノートに書きとめたフレーズがあります。「満足の先に感動はない。そこにあるのは大満足だけである」

サービスの内容でお客様の満足度を高めていこうとすると、１回目よりは２回目、次はそれよりもさらに充実したものにする必要があります。

例えば、「今回のお部屋には、以前泊まったお部屋にはなかった素敵な洗顔セットとシャンプーがあったので嬉しかった」と、ホテルが用意した浴室アメニティにお客様が大変喜ばれたとします。

しかし何回目かには、すでにそれが普通になり、特別なものとは感じて頂けなくなります。もう喜んではくださらないのです。ではどうするか。

さらに新しいアイテムを加え、内容もグレードアップしていきます。そうすると、「あ、いいわね！」と、お客様の満足度は回復するでしょうが、実はまた同じことの繰り返しになってしまうのです。お客様の気持ちというのは、移ろいやすいものだということです。だからホテルという商売はほんとうに大変なのです。

そこでリッツ・カールトンでは、価値創造のキーワードを「満足」から「絆」に転換しました。

ＣＳ（Customer Satisfaction）から

ＣＥ（Customer Engagement）へ

パラダイムシフトといわれる〝価値感の激的な変化〟です。

お客様は、どういう時に感動してくださるのか。それはホテルという舞台を通して、「物語」が生まれた瞬間ではないかと思うのです。ちょうど旅と同じです。たくさんの物語が生まれた旅は、一生の思い出になります。ホテルでもお客様の大事な物語は、スタッフとの心の触れ合いから生まれ、絆（Engagement）へとつながります。マニュアル的サービスではない、心の触れ合い。

それはメイドのひと言であったり、ビーチ・スタッフがくれた野の花であったり、初めてのホテルなのに名前を呼ばれた、という経験であったり……。

その小さな感動は、素晴らしい音楽のように何度経験しても、決して飽きるということがないのです。

2

不況のニューヨークに行列のできるサンドイッチ屋さんがある

ニューヨークにシェイシェイというサンドイッチ専門のお店があります。不況の風が吹き抜けるマンハッタンのど真ん中、このお店の前にはいつもお客様の行列が絶えません。

オーナーのコンセプトは、とても明確です。お客様に〝素敵な体験〟を届けるということ。お店の雰囲気の良さに感動し、サービスの質の高さに感嘆し、味の良さに感激する。そこにあるのは、お客様と共に物語を紡ぎ出していくという姿勢なのです。

行列の後ろに並んでいると、満面の笑みのウェイターが来て、「いま、あちらのお客様が注文しているのは○○サンドといって、セサミが入ったパンを使っています。これが口の中に素敵な香ばしさを生み出すのです」など、自分の番が来るまでにひと通りのメニューの説明をして、お客様と対話をするのです。それが楽しい。

このお店に来る人たちは、単にサンドイッチを食べに来ている人だけではありません。ひとときの感動の物語を求めて、多くの人がマンハッタン中からやってくるのです。

3

どんなにすごいサービスでもそれだけでは人は感動しない

世間には、金融サービス、流通サービス、通信サービス、行政サービスなど、「サービス」と名のつくものがたくさん存在します。そして、そのサービス内容はすべて「提供する側が定義したもの」です。

ホテルも当然サービス業ですから、ホテル側が定義した一定の基準を満たすサービスを提供しています。「簡素で清潔な客室の提供」と定義したビジネスホテルから、「豪華ブランドの客室アメニティに、一流レストランを用意する」と定義した高級ホテルまで、さまざまです。

サービス内容を全社員に徹底するためには、マニュアルが不可欠です。なぜならマニュアルの役割は、社員の「基礎体力をそろえること」だからです。そして基礎体力が備わったとき、初めてホテルマンとして一人立ちします。このように多くのホテルは、こうしたマニュアル管理でサービスを追求し、お客様満足度を高めようとします。

しかし、誤解を怖れずに申し上げれば、お客様というのはとても飽きっぽいということ。サービスの内容が向上してもすぐに慣れてしまうものです。

『リッツ・カールトンが大切にする　サービスを超える瞬間』――これは、私が最初に書かせていただいた書籍のタイトルですが、感動が生まれる瞬間を指しています。この感動は、お客様満足の先には見えてこないのです。満足の先にあるのは、あくまで「大満足」に過ぎない。

　では感動はどこで生まれるのでしょうか。

「いらっしゃいませ」というサービス用語だけでは、お客様の表情さえ動かない。しかし、そこに「こんにちは！　お久し振りです。お元気でしたか？」というひと言があれば、「感情」が「動く」。つまり「感動」が起きます。

　つまり感動は、マニュアルを超えた感性のステージで、サービスを提供する人とお客様との温かな人間性が触れ合った瞬間に生まれるもの。そして、それは何度でも反復が利くものだと思うのです。

4

衰退した百貨店…。お客様の顔を見ていない、お客様から顔を見られていない

モノが売れない時代の「売れない業界」代表に、百貨店があげられるようです。かつては売れるビジネスモデルだったはずなのに、どうしたことでしょうか。

私でも想像できることは、おそらく市場の変化に気づかなかったのではないかということです。市場の変化とはつまり、人は買いたいものを、買いたいときに、買いたい人からしか買わなくなったということ。特に「買いたい人からしか買わない」ことの重大性を見落としていたのではないでしょうか。去年、それを象徴するような出来事を経験しました。

某百貨店のベテラン店長の研修に呼んでいただいた時のこと。そこでは「売り場」は、「お買い場」と呼ばれていました。売るのではなく買って頂くステージという発想。なるほどと感心しつつ、50名ほどの店長に質問をしてみました。

「皆さんを指名してくださる顧客、つまりちゃんと顔と名前が一致する顧客は、何人いらっしゃいますか。どう

です、千人くらいですか、もう少し多いですか」

「お買い場であるなら、販売促進という発想はないですよね。顔が見える顧客、お一人おひとりに対しての購買支援促進はどうされているのですか」

結果は、ベテラン店長といえども、せいぜい50人ほどの顧客の顔しか見えていない。それは顧客からも店長の顔が見えないということ。さらに「お買い場」は呼称だけで、相変わらず「売るため」の販売促進が、最優先されているということでした。

いま市場の主権は間違いなく、売り手から買い手に移っています。確実に利益を出している会社――例えば沖縄教育出版や次項で紹介するネッツトヨタ南国――などに共通することは「売っていない」で、お客様が「買っている」ということです。そしてトップから現場まで、言葉と行動に乖《かい》離《り》がないということです。このことは、じっくりと考えてみる価値があると思います。

5

ホスピタリティの精神はサービス業だけのものではない

四国・高知にあるトヨタのディーラーのネッツ南国。2009年度に、業界としては驚異の売り上げ前年比180％増を達成しました。当然、他県や他業界からその秘密を探りに多くの人が訪れます。私もその一人でした。

この会社、自動車ディーラーなのに営業マンが売っているように見えないし、ショールームに車が１台もない！　それなのに圧倒的にリピーターが多い。その理由を会長の横田英毅さんに伺ったことがあります。すると意外なことに、「お客様に１台の車を長く使っていただくことを考えているからではないでしょうか」という答えが返ってきました。普通に考えれば、１台の車を長く使われては、購入回数が減り、リピーターの数も減るはずです。さらに、こう説明されました。

「我が社の修理スタッフは７、８年乗っていただいた車でも『愛着があるでしょうから、この車をもっと長く使いましょうよ』という気持ちで、お客様に接するのです。また別の若い修理のスタッフには、『僕たちは車を直しているのではなく、お客様の心を治しているのだ』とか、

『車の調子が悪い時は、お客様のほうもその車にストレスを感じているはず。だから、そのストレスを軽くするのが自分の仕事だ』などという男がいるんですよ」

　このようなスタッフの想いが、お客様にも確実に伝わり、口コミとなって広がる。そして多くのお客様がリピーターとして生涯顧客となっています。

　直接サービスに携わる人ではなく、裏方にいる修理スタッフからこのような言葉が出てくるということは、ホスピタリティの面から見て、本当にすごいことです。

　またこのネッツ南国では、社内イベントや新車発表会に合わせた催し物がやたらと多く行われます。簡単にいうとお祭り好きな会社で、それも社員たちが自由に企画をする。そこまでしてこのイベントを開催する真意は、社員たちがワクワク楽しんで幸せになるためだそうです。それが圧倒的に強いチーム作りにつながり、社員一人ひとりの成長を助ける。そうして社員とお客様との信頼関係も、「圧倒的に」強くなっていきます。だから、売らなくてもお客様が買いに来てくださるという集団が出来上がったのではないでしょうか。

6

孫を連れて遊びに行きたくなる——そんな区役所が東京にある!?

「エレファントシンドローム」という言葉をご存じでしょうか。象を子どものうちから、足に鎖をつけて頑丈な木につないでおきます。子象は何度も何度も、必死に逃げようとするのですが、どんなに引っ張っても、木はびくともしません。そのうち子象は、逃げようとすることを止めてしまいます。すると大きくなっても、たとえ折れそうな細い木につながれていても、「逃げ出せない」と思い込み、逃げようとしなくなるのです。

これは、「つながれている限りは逃げられない。自分は何度も試したけれど無理だった」という学習をしてしまった結果なのですね。無理だという思い込みから抜け出せなくなってしまう。

では、象の何倍も学習能力が高い人間が、「自分の能力、守備範囲はここまで」と思い込んでしまうと、どうなるか。狭い視野と柔軟さを欠いた思考の殻に、閉じこもってしまうことになるでしょう。

しかし、その殻を打ち破った稀有《けう》な例があります。

東京の荒川区役所。ここでは区職員の方たちが、「自分たちの役割は、区民の生活をよくするヒントを提供すること」と意識しています。そして区役所を、お婆ちゃんが孫を連れて、「そうだ、区役所に行こう！」と思えるような場所にしたいと本気で考えています。かつてのお役所には有り得ない発想だと思います。

「今度のイベント、楽しいから来てください」

「それは専門の担当がいるから、いまお連れしますね」

「何か困っていることや不便なこと、ないですか」

こんな会話が頻繁に交わされています、それも笑顔で。

ここでは縦割り思考や、「区役所の仕事とは」という固定観念が感じられません。

ホスピタリティ精神でチームプレイをするときに、大きな障壁となる「自分の職務権限はここまで」という思い込みも、見事なくらいに取り払われているのです。

7
ホスピタリティとは100人のお客様のご要望に100通りの方法で対応すること

サービスは提供する側が定義するものですから、常に均質なクオリティが求められます。理由は簡単で、そうしないとサービス業としての対価を求めることができないからです。ですから経験を積み、サービスの形や知識を身に付けることでマニュアルを実行する力をつけていきます。

しかし、必ずどこかで大きな壁にぶつかる時がきます。マニュアルの徹底からは、「おもてなしの心」が生まれてこない、という厳しい現実です。

以前、大阪のリッツ・カールトンで、大阪歌舞伎の興行中に、役者さん用のおにぎりの仕出しをお受けしたことがありました。

ホテルでは簡単に対応ができるご依頼です。しっかりしたケータリング用のマニュアルがあるからです。しかしここで大事なのは、「役者さんたちが求めているものは何か」を考えるということなのです。

食事としての仕出しであれば、普通のおにぎりでもかまわない。でもひょっとしたら公演中だから、「慌ただしい着替えや早変わりの合間をぬって食べられるもの」「時間を節約できるもの」を求めていらっしゃるのかもしれない。そうであるならば、小さくて片手でつまむことができて、すぐに口からなくなり、胃もたれせず消化にいいことが必要かもしれない。しかも相手は舌の肥えた歌舞伎役者。見映えだけではなく、美味しいことが要求される。

そこでホテルが工夫したのは、何段ものお重にびっしりと綺麗に並べられた、一口サイズの手まり寿司風おにぎりでした。旬の野菜を使った色とりどりの小さなおにぎり。まるで宝石箱のようなお重でした。

歌舞伎の楽屋では、大歓声が上がったそうです。

たとえお客様が100人いらしても、お一人おひとりの状況や思いに心を添えて対話をした時に、初めてそれぞれに違った本質的なニーズが見えてきます。

それに丁寧に応えていくことが、サービスのプロとして成長していくことにつながるのだと思うのです。

8

仕事には雑用や雑務と呼ばれるものはありません。自分の心が「雑」にしているだけ

自分の経験と反省もふまえてですが、私たちは仕事を進めるとき、ごく軽い気持ちで、「雑用」とか「雑務」という言葉を口にします。例えば新入社員やアルバイトに対し、

「君たちはまだ研修生なんだから、人前には出せないな。とりあえず裏に雑用がいっぱいあるから」

「今日の宴会、やたら雑務が多いね。バイトが多くて助かったよ。これとこれ、手分けしてやっといて」

ホテルスクール時代に都内のホテルで研修をさせて頂いたときに、一度ならず耳にしたフレーズです。当時は「そんなものか」と思った程度でしたが、何となく心に違和感が残った記憶があります。

ではそもそも、「雑用」「雑務」とはどのような仕事なのでしょうか。

大事な用件を雑にこなすから雑用。

大事な人材を雑に用いるから雑用。

大事な役目を雑に務めるから雑務。

どうやら違和感の原因は、このあたりにあったのではないかと思います。「雑用という名の仕事」がきたときに、その仕事に愛着を持つというのはなかなか難しい。それを任された自分自身に対して、自信も誇りも湧いてこない。新人の心のなかで、「よっしゃー！　やるぞ！」という雄叫びが上がることは、まずないでしょう。

スタッフに生き生きと働いて欲しいとき、リーダーには、「表現する力」と「伝える力」という「語る技量」が求められます。

「手が回らなくてどうしようかと思っていたのに、君がいてくれて本当に助かった。ありがとう。単調な作業ばかりで逆に疲れただろう。でも今日これを済ませておくとね、明日調理場がすごく助かるんだ。なぜかというとね……」

こう語りかけられるだけで、「単純作業」は意味のある「大切な仕事」へと昇華し、目の前のリーダーは尊敬に値する存在になっていくのです。

9

相手に伝わらなかった「思い」は存在しなかったことと同じ

常連のお客様が、咳をされたのに気づいたホテルのベルマンとお客様との会話。

「お風邪ですか。フロントにお薬のご用意があります」

「いや、乾燥で喉が痛くてね。熱もあまりないし」

「そうですか、お大事になさってくださいね」

彼はよく知っているそのお客様のことを心配に思いつつ、自分の持ち場に戻っていきます。そして仲間にも伝えて、みんなで心配します。

しかしこの思い、お客様は知らないのです。

もし、すぐにお部屋に加湿器の手配をしたなら……。

もし、メイドがお休みの準備の時にもう１着パジャマを用意し、「寝汗をかかれたら、これに着替えてくださいね」と、ひと言添えたなら……。

「思い」は「形」になって、初めて伝わるもの。

一流といわれるサービスマンと一人前のサービスマンとの間に差があるとすれば、それは「形にして伝える力」があるかないか、ともいえます。

これがサービスの面白さであり、また厳しさでもあるのです。

10

一輪の野草がお客様を感動させた！

リッツ・カールトンのお客様で、井上富紀子さんという方がいらっしゃいます。彼女はリッツ・カールトン東京の開業までに世界21カ国、63軒全部のリッツ・カールトンに泊まろうと決心し、見事にそれを成し遂げました。そして、その様子を『リッツ・カールトン20の秘密』という本にもされました。その井上さんから、こんな話を伺ったことがあります。

エジプトのリッツ・カールトンにお泊まりになった時のこと。いつものようにプールサイドでくつろいでいると、ウェイターが、「きれいに咲いていたから、フキコのために摘んできたよ」といって、一輪の花を空きビンに挿《さ》して届けてくれたそうです。彼がホテルに通勤する途中で見つけた野の花でした。

井上さんにとってこの一輪の野草は、毎日総支配人からお部屋に届けられる豪華な花よりも、心がほんのりと暖まる「物語」、大切な思い出になっているのだとか。

11

誇りを持って働いているサービスの現場とは？

ホテルの現場を支えているのは、ドアマンや客室係、フロントや電話交換手といった、さまざまな部署で働いている社員たちで、彼らはホテルの顔です。お客様は、彼らとのやりとりを通して、そのホテルの良し悪しを判断していきます。

すなわち、スタッフ一人ひとりの言葉遣いや行動が、そのままホテルのブランドイメージに直結してくるということです。仕事に喜びを感じながら生き生きと働いている人、つまらなそうな応対でしかも雑な言葉遣いをする人、お客様はそうした「ホテルの姿」を、鋭い感性で敏感に感じ取っていきます。スタッフは、常にこのことを心にとめておきたいもの。

お客様がホテルの「本当の姿」を見る時間帯があるとすれば、それは午前２時頃。理由は簡単です。ホテルの場合、深夜を過ぎると、現場は契約社員や清掃会社などの外部の業者さんによって動いています。正社員はほとんどいません。化粧を落とした女性の素顔が現れる時間です（失礼！）。

　ではホテルの本当の姿とはどういう意味か。

　それは、そのホテルの理念や経営方針が、契約社員やアルバイトスタッフにもきちんと理解されているかどうかということです。昼間の対応と深夜過ぎのそれが全然違う、などということはないか。24時間、いつでも経営者の思いが、スタッフ間で共有されているか。

　ホスピタリティ度が高いことで評判の川越胃腸病院が埼玉県にあります。その病院と契約している清掃会社の女性社員が、こんなことをおっしゃっていました。

「ここで感染症など起こしたら患者様に申し訳がたたない。院長先生にも病院の名前にも傷がつきます。私の責任において絶対にそんなことはさせません！」

「清掃の作業」をしているのではない。清潔を保つことで、「患者様を守る仕事」をしている。思いの強さは院長や職員の方がたと同レベルです。実に見事です。

12

指示されない組織はホスピタリティを超越する

前項の「患者様と職員の満足と幸せ」の実現を目指している川越胃腸病院。

ある大手企業の役員研修で病院を見学させていただいたときのこと。役員のお一人が、現場の若い女性職員二人に、「皆さんの仕事の指示系統はどうなっているのですか？」と聞かれました。

すると二人は「指示…ですか？」と、顔を見合わせています。そこで婦長が助け舟を出しました。

「うちでは、指示を受けて仕事をすることなど、ないのです。自分たちで考えて仕事を進めています」

川越胃腸病院は、みんなが自分で考えて行動する、いわば「指示されない組織」なのです。私も何度となくこの病院を訪れました。そのたびに感じることがあります。

・院内の空気の透明感と穏やかさ

・職員の方たちの笑顔の素晴らしさ

・すべて自主的に行う組織としての覚悟

一人ひとりが病院の経営理念に共感し、価値観を共有したとき、全員の心に大きな「共鳴」が起きる。

圧倒的な医療技術と信頼に裏打ちされたこの組織は、ホスピタリティを超越しているかもしれません。

13

音楽にたとえるなら サービスはオーケストラ、ホスピタリティは ジャム・セッション！

　かつて医療の世界におけるコアバリューは、圧倒的な治療技術と知識であり、患者の気持ちを慮《おもんぱか》ることなどには、価値がおかれていませんでした。

　私の経験でもお医者様は絶対的存在であり、「私の言うとおりにしていれば治るのだ。患者は余計なことを知る必要はない！」というオーラを発していました。内部ではさらに絶対であり、看護師や一般の職員がドクターに進言をするなどということは、「有り得ない」世界だったようです（看護師だった私の妹の弁）。

　しかしここ数年、医療現場の様子がだいぶ違ってきました。医師が患った人をみるという「上から目線」から、「同じ目線」で相談に乗るようになり、病院内部でも部署の壁を越えたチームワークが生まれるようになってきたのです。

　そのことは何を意味しているのでしょうか。

　医療ミスや不当な訴訟ケースなどで、世間の注目を浴びることが増えてきたこともあるでしょう。しかし、マニュアル的な医療サービスだけでは、患者満足度はおろか、現場スタッフの仕事に対するやりがいも行き詰まってしまうことに気がついたのではないかと思います。

医師と職員がマニュアル通りにきちんと仕事を進めるのは、オーケストラが演奏する姿だと思います。

それに対し、病院や地域医療などの現場において、強い信頼関係から思わぬチームワークが生まれることがあります。ちょうどジャズのジャム・セッションのように、高い演奏技術と研ぎ澄まされた感性とが出会ってアドリブが生まれる。心が共鳴するのです。

病気に関係のない悩みを聞いてあげる。末期がんの患者さんのために「炊きたてご飯パーティ」を開く。病室に飼い犬を連れてきてあげる。遺体となった患者さんを運ぶ時にも、「この先、曲がりますよ。少し揺れますからね」と語りかける……など。

患者さんに、最後まで笑顔で生き抜いて欲しい、そのお手伝いをしようと覚悟を決めた時、医療の現場にもまったく違った景色が広がっていくのだと思います。

Hospitality Note

第2章

サービスのプロが大切にしていること

14

作業員で満足していると いつまでたっても プロにはなれない

自分は仕事をしているつもりなのに、実は仕事をしていない人がたくさんいます。仕事ではなく、作業で終わってしまっている場合があるのです。

ホテルの仕事も単純作業が多いので、作業の流れさえ覚えてしまえば、それをこなすのは難しくありません。

ウェイターの仕事を例にとりましょう。

レストランに配属されたA君とB君。オーダーの取り方や水の出し方、オーダーのキッチンへの通し方や料理の運び方を教わります。これをひと通り覚えてしまえば、「運び屋」としての作業はできるようになります。

A君は3年間を毎日、「運び屋」という「作業」だけをしながら過ごしました。B君は食材などの知識を増やし、ワインエキスパートの資格を取り、お客様に何をどのようにおすすめしようかと考えながら「仕事」をして、3年間過ごしました。

ふたりの成長には差が出たのでしょうか。

おそらく物差しでいえば30センチと1メートル程の

差になっているだろうと思います。

成長するためには何をしたらいいのかと考えて行動している人だけが、前には持っていなかった感性を身につけることができるのです。

ここでもう一つ大事なことは、その成長は、３年程度ではまだ外には表れないということ。やはりどちらも同じようなホテルマンにしか見えないのです。しかし地道な努力を続けるＢ君は、ウェイターの業務を通して一歩一歩、仕事のプロへと成長していくのです。そして誰が見ても分かる程の大差がつくのが10年後。

「ああ、自分もあの時、同じようなことを始めてさえいたらなあ……」

10年後にＡ君が嘆いても、時すでに遅しなのです。

15
作業員になってはいけない。作業員にしてはいけない

私の住む再開発地域には、コンビニがいろいろと並んでいます。そこに自分が客という立場で行くと、さまざまなものが見えてきます。

ときどき、「この人、孤独感が溢れているなぁ……」と思うようなレジの人を見かけることがあります。この人の目に、お客様はどのように映っているのだろうか。多分、人としてではなく、風になびく草か、パソコンの画面のように、ただの風景の一部として映っているのかなあ、などと思うこともあります。風景に向かって話しかけているので、初めから対話をすることなど考えていない。だから目や雰囲気が孤独になっていても当然のことです。

隅のほうから仕事ぶりを見ていると、レジを打つ作業や弁当を温める作業など、自分に任された役割としての作業だけに専念しているのが分かります。

お客様のほうにもコンビニの人と話をするという感覚がないから、黙って並び、黙って支払い、黙って帰る。そこには対話や触れ合いがほとんどありません。

コンビニ業界には、通り一遍のサービスから、一歩進んだホスピタリティへと価値創造のパラダイムが変わりつつあります。

例えばローソン。ここの接客の進化には驚くべきものがあります。レジ係の人の働きぶりも「作業員レベル」ではなく、「仕事レベル」の働きを目指しています。

ホスピタリティとは、相手の心に自分の思いを添えて対話をする姿勢のことです。相手に対して関心を持つ。それがお客様であるならば、そこに小さな絆が生まれるのだと思います。

私がよく行くコンビニ。

「コーヒーですね。ありがとうございます。クリームとお砂糖はおつけしますか」

私がよく行く銀座裏の某カフェ。

「コーヒー、いつも美味しそうに召し上がりますね。今日もブラックになさいますか？」

どちらも150円以内です。果たしてどちらのコーヒーが美味しいでしょうか？

16

最小の結果のためにも最大の努力を惜しんではいけない

商業高校で学んでいた昭和47年頃の先生の言葉。

「日本の商人の本質とは、楽をして儲けることではない。たとえ小さな結果しか見えないことにも、最大の努力を惜しまないという姿勢を貫くことである」

米国における私のホテル修業は、ニューヨークに渡った昭和49年に始まるのですが、くしくも日本のバブル成長期と重なり、それを国外から眺めることとなりました。そのバブル全盛期のキーワードはレバレッジ思考。

「最小の投資で、最大の結果を得る」

ホテルには日本からもたくさんの投資家や企業戦士がお見えになり、熱く語る姿が見られました。

「あのゴルフ場がたった230億円とは、買いだな」

「ついでにあそこにも投資しておくか。2、3年で悪くても倍にはなるだろう」

ニューヨーク・プラザホテル隣の名門ホテル、エセックスハウスが日本の航空会社に買収されたのもちょうどこの時期でした。

そして、バブルの崩壊。

ビジネスの価値観が再び大きく振り戻されました。

「地道な努力の先にしか、顧客と社員の幸せはない」

あたかも昭和の原点に立ち返ったようです。

1907年の開業以来、プラザホテルがずっと大切にしてきた価値観があります。

『プラザで起きることには、価値のないものはない』

名門プラザといえど、経済環境におおいに翻弄された時期もありました。しかしサービス業の頂点に立つものとしての誇りと自信が、この価値観を守り抜いてきたのです。どんなに些細に思えることにも、全力で向き合い対応するという姿勢。３年間の私のプラザ修業時代は、長い歴史の試練に耐えてきた「本物の企業の立ち位置とは何か」を考えさせられた時間でした。

17

「変わった考え方ですね」と言われることが嬉しいのです

リッツ・カールトンの歴史を辿《たど》ると、セザール・リッツが1898年にパリに創業した「ホテル・リッツ」と、その翌年にロンドンに開業した「カールトン・ホテル」に行き着きます。そのセザールは、ホテルマンを目指す者にとっては特別な存在で、たくさんの伝説を生みました。彼は当時のホテルとしては画期的な取り組みを次々と実践したのです。例えば、

・ロビーに花をふんだんに飾る
・全客室にシャワーを取り付ける
・アラカルトメニューを提供する
・顧客情報システムを社員で共有する

などなど、細かく数え上げたらきりがありません。

では、これらがなぜセザールの高い評価へとつながっていったのでしょうか。理由は思考の変革にあります。

当時のホテル経営は、多くの場合、経営者側の目線や立場で物事が決められていたのです。すなわちお客様の都合やニーズはあまり考慮されてはいなかった。

例えば当時、主流だったコースメニュー。これは極端

にいうと、ホテルと料理長の都合で一方的にお客様に提供しているものということができます。つまり、何を提供するかという選択肢はホテル側にあったのです。それに対してセザールが発想したアラカルトメニューは、何を選ぶかという選択肢をお客様に渡したものです。

それまでのホテルで当たり前だったサービスは、セザールによって、「お客様のニーズは何か」という価値軸の上ですべて見直されてしまった。これは、当時としては非常識に近い発想です。しかし、そのほとんどはいまやホテルの常識になっているのです。このセザールの精神が、リッツ・カールトンの大事なＤＮＡとして脈々と受け継がれてきました。

そしてあらゆる場面において、「リッツの人って、変わった考え方をしますね」と言われることは、実はスタッフにとっては最大級のほめ言葉なのです。

18

まずノコギリの刃を研《と》ぎなさい

「ノコギリの刃を研ぎなさい」――これは全世界で1500万部のベストセラーとなった、スティーブン・コヴィー博士の『Seven Habits of Highly Effective People（７つの習慣）』にある言葉です。実に心に残るフレーズで、名言だと思います。

丸太を切っている樵《きこり》。よく見るとノコギリの刃がこぼれている。ある人がそれに気づいて声をかけます。

「ちゃんと刃を研いでから切ったらどうですか？」

「忙しくて研いでいる暇なんてないのです。とにかく切り続けないと間に合わないのです！」

仕事でもプライベートでも、普通に交わされる何気ない会話。

「最近どう？」

「いや、もう、とにかく忙しくてね」

この忙しい状態が、果たして「生産性の高い」忙しさなのか、あるいは「ひとり皿回し状態」の忙しさなのか、考えてみる必要がありそうです。

私は講演をしたあとの懇親会などでは、なるべくたくさんの方と意見交換をさせていただくようにしています。

　そんなとき、「いやあ、目からウロコでした。全部が心に響いた講演でした。社員にも聞かせてやりたいし、社内で勉強会を持ちたいのですが、うちも忙しくてなかなかその時間が取れなくて……」という反応をする人がいます。前半はお世辞としても、後半の「忙しくて」という言葉には気をつけたいものですね。

　目の前の業務が忙しいから、社員も勉強する時間が取れない。これでは社員の「感性の刃」を研ぐ機会を摘んでしまうのです。この場合、本物のノコギリよりもさらに厄介な問題があります。

　それは、ノコギリの刃とは違い、感性の刃は目に見えないということです。刃こぼれがどの程度か、サビ具合はどのくらいなのか見えない。だから油断してしまうのです。

　切れ味鋭い仕事ぶりを発揮するために、いったん立ち止まって感性の刃を研ぎ直すという勇気と覚悟。

　今こそリーダーに必要な感性なのかもしれません。

19

身近な仲間をワクワクさせるエネルギーちゃんと使っていますか？

1991年に、サンフランシスコからロサンゼルスの営業所に異動になった時の私のボスは、当時マーケティング担当副社長だったレオ・ハート氏でした。彼は創業期から、社長のホルスト・シュルツィと共に、リッツ・カールトンの基盤を作ったひとりです。

マーケティング戦略やブランディングの基礎知識などは、ほとんどレオから教えてもらいました。彼は読書も大好きで、『Art of War（孫子の兵法）』なども熟読し、東洋思想にもたいへん深い関心を寄せていました。また、前項で書いたコヴィー博士とも親交が深く、博士の著書である『７つの習慣』は、ドラッカー博士の著書と共に、リッツ・カールトンの教科書にもなりました。

レオはかつてアメリカン・フットボールの花形選手だったこともあり、男女を問わず、とにかくファンが多かった。所作が実にスマートで、誰に対してもフェアで礼儀正しい。そのうえハンサムで背が高い。人気があるわけです。そしてレオが多くの人から好かれる秘密が、彼の出張中のときに垣間見えるのです。

どういうことなのでしょうか。

それは、出張先のレオから、必ずといっていいほど届くカードにあるのです。それもたったひと言のメッセージ。『Hey, TAKA, what's up!（タカ、どうしてる？）』

これで完全にまいってしまうのです。心のワクワク・バロメーターが一気に振れる瞬間ですね。

その日は、なんとなくウキウキと過ごせる。彼の気持ちが伝わってきて、仲間としてつながっているという安心感と自信が湧いてくる。しかも、出張に出るたびに届くのですが、毎回同じように心の針が振れるのです。

これぞまさに、何回でも反復の利く、レオ一流のホスピタリティの体現でした。

20

優れたリーダーは「教える」人ではなく「可能性を引き出す」達人

昨今は日本でも、社員教育の場においてコーチングという言葉が一般的に使われるようになりました。私がアメリカでリッツ・カールトンに入社した1990年には、すでに社内でこの手法を日常的に取り入れていました。資格を取ることはしませんでしたが、リーダーからはいつもコーチングを受け、私自身もコーチングをすることは当たり前になっていました。

コーチングを通して考えたのは、教育という概念です。教育には二通りの言い方があります。

「Teaching《ティーチング》」と「Education《エデュケーション》」

日本の学校で先生が教えるのが前者です。一方的に上から下へ知識を伝達し、教える人が「Teacher」です。

アメリカ社会で感じたのは、「Educator」の要素が強いということ。「Education」には「可能性を引き出す」というニュアンスがあります。優れたリーダーには、その達人が多く見られます。

アメリカの教育では、一人ひとりと向き合い、その可能性を引き出していくという考え方が浸透しているのだと痛感したものです。

21
言葉を大切にし相手の心のスイッチを入れられる人に！

アメリカの修行中に出会ったボスやメンター（師匠）たちは、それぞれに優れたコーチでした。

彼らに共通していたのは、使う言葉を大切にし、「ひと言で相手の心のスイッチを、正しい方向に入れることができる人」であったことです。さらに辛抱強いという点も同じでした。

例えば、指示を部下が間違って受け取り、ミスを犯した場合でも、単純に責めるようなことはしません。

「なるほど、そういう受け取り方ができるのか。気がつかなかった。きちんと話し合って説明をしなかった自分にも責任がある。次のプロジェクトも任そうと思っているので、今度は細部まできちんと確認し合おう」

部下の立場からすると、そう言われて、「そうだよボス、あんたが悪い！」とはなりません。自分ももっと気をつけなければ、という反省のスイッチがバチッと入ります。しかも、ミスの後なのに次の仕事も任せるという。これは張り切らないわけにはいきません。

　このように、相手の心の奥底に眠っている想いを一瞬にして覚ましたり、やる気の元に火をつけたり、もう一歩踏み出す勇気を与えたり、ときとして、辛い思いを癒やしたり……。

　日本で出会った師匠たちもまた言葉の達人ばかりでした。「頑張れ！」という激励の言葉、「頑張ってるね！」という労《ねぎら》いの言葉。どちらも正しく使えば、相手はつながっているという安心感を持つことができるのです。

　ちゃんと自分のことを気にしてくれている。自分の努力は認められているという充実感。

　こうしてかける言葉ひとつでも、それぞれ状況に応じて臨機応変に使い分けることで、その人の可能性を引き出す、正しいスイッチを入れることにつながるのです。

22
鏡に自分を映し出すと問題も同時に映し出される

ホテルのなかには、たくさんの鏡が設置されています。お客様の目に触れる部分だけでなく、スタッフのいるバックヤードにも、必ず多くの鏡が置かれています。身だしなみや笑顔などの表情をチェックするために使うのですが、実は、リーダーにとってはもう一つの使い方があるのです。

自分と対面するために使う、ということです。

ホテルはトラブル（問題）の宝庫です。それは大きく分けて二つ。一つは表舞台で、つまりお客様とホテルとの間で起こるトラブル。そして二つ目は、裏舞台で起こるトラブル。ホテルは人材集約産業ですから社員数も多く、人間関係によるトラブルが起きやすいのです。

リーダーになると、どうも自分のセクションが上手く回っていないなと思う時があります。指示が伝わらない。モチベーションが低い。ミスが頻繁に起こる。コミュニケーションが悪い。特に、上司である自分の言うことをちゃんと聞かない……など。

そういう時、つい指を相手に向けてしまう。部下であるお前たちの責任だ、努力が足りない、と。

なぜ部下は言うことを聞かないのでしょうか。

実は聞こえてはいるけれど、聴いていないのです。では人は、誰の言葉なら聴いてくれるのか。

信頼する人、尊敬する人、そして好きな人です。

これに気づく必要があります。部下が言うことを聞いてくれない時は、「あなたの言うことは聞きたくない」というメッセージかもしれないのです。

鏡に映るのは自分自身。

その自分に向かって指を向ける。原因はお前にあるのではないかと謙虚に問いかけてみる。

リーダーとしての成長の目盛りが一つ伸びるのは、その勇気が持てた瞬間だと思います。

23

正しいことを伝えるのか
正しく相手に伝えるのか

オフィスの雰囲気が暗いと感じるときや、上司や仲間とぶつかるときなど、私たちはその原因を、「自分以外」に求めがちです。そして実際には、確かに周りが悪いということもよくあるのです。だからといって、自分が正論さえ吐いていれば人が動き、組織が明るく楽しい雰囲気になるのなら、これほど楽なことはありません。

正しいことを言うのは小気味のよいものですが、世の中はそれで動いてくれるほど単純ではない。人間は実に複雑で面倒な生き物なのです。だからこそ、正論にしても、誰がそれを言うかで、単に相手の「耳に聞こえる」のか、それとも深く「心に響く」のかが分かれてしまいます。

昭和の企業戦士ならばともかく、いまのビジネスの世界には、上司の言葉には絶対服従などという夢物語は、もう存在しない。自分の人間関係が、「信頼」で裏打ちされているかどうか、それがすべての出発点です。

だから自分が築いてきた人間関係を、定期的に棚卸《たなおろし》してみるのはどうでしょうか。そのうえでさらに、「正しいことを伝える」のではなく、伝えるべきことを「正しく伝える」感性を磨きたいものです。

24 クレーム（苦情）は自分から取りに行くとつらくない

「ホテルはクレーマーにとって宝の山である」

アメリカで危機管理コンサルタントの研修に参加した時の講師のコメントです。まさにその通りと我が意を得た思いでした。ニューヨークで経験したケースだけでも、雨の日に玄関で転んだ、スープに釘が入っていた（まさか！）、ウェディング当日に部屋の鍵が壊れた、ヘアドライヤーで髪が焦げた……など。これらはすべて訴訟の材料になるのです。

そして最近は、訴訟大国アメリカだけではなく、テレビ番組などの影響なのか、日本人でもゲーム感覚で簡単に訴訟を口にする人たちも出てきました。「絶対に訴えてやる！」というフレーズを浴びせられた経験のあるホテルマンは、私も含めて、決して少なくはないだろうと想像します。

どんな場合でもクレームを受けるというのは、本当に心が萎《な》えるものです。会社に対しての苦情だと頭では解っていても、お客様は目の前にいる自分に対して真っ向から迫ってきます。

「どうなっているんだ」「きちんと理由を説明しろ」「誠意を示せと言っているんだ！」

まるで個人攻撃を受けているような錯覚に陥ってしまうのです。そのストレスも半端ではありません。

しかし、ここで絶対に忘れてはならないことは、一番つらい思いをしたのは誰かといえば、やはりお客様なのだということです。

ここで考えてみましょう。苦情はなぜ嫌なのか。

理由は簡単。自分に来るのを恐る恐る待っているから。

では自分から積極的に苦情を取りに行ったとしたら、どうでしょう。営業でもフロントでも、あるいはレストランでも積極的に真摯な態度で声をお掛けする。

「ひとつでもいいです。私たちが改善できることでお気づきのことがあったら、お教えいただけませんか」

このひと言でお客様も苦情を言いやすくなり、ホテル側もご提案という形でお聞きすることができる。小さなパラダイムシフトが起きる瞬間です。

25
３つの苦情の裏には100人の不満の声が隠れている…

「クレーム（苦情）は、オポチュニティ（機会）である」

これは1983年の創業以来、リッツ・カールトンが大切にしてきた価値観です。

ホテルに対するお客様の苦情は、ホテルにとって３つの意味でプラスになるからです。

まず第１に、ホテルの欠陥を教えてくれる点。100人が不満に感じている場合でも、実際にそれを言葉で伝えてくれるお客様はせいぜい３人です。多くの場合、「まったく不満だ。ここは二度と使わないぞ」と静かに心のなかで切り捨ててしまいます。苦情が出ないということと、お客様が満足されているということは同じではないのです。顧客との関係を良好に保つためにも、苦情を言いやすい雰囲気を作るということは、実は大事なことなのです。

第２に、クレームに対してきちんと対応することで、企業の姿勢がお客様に伝わるということです。そしてそこから、より強い絆が生まれる可能性があるということです。ひと昔前のように菓子折りを持って、頭を下げに行くだけではなく、クレームの内容はどう調査されたか、どのような対処がなされたかを説明し納得していただく。対処の仕方ひとつで、クレームの前よりも強い信頼関係が築かれることがあるのです。

そして第３。クレームと向き合うのは心がつらく痛いもの。しかし「楽」をして逃げることをせず真摯に受け止めた者に、同僚たちは尊敬の拍手を送ることでしょう。本人もまたお客様と苦情とに真摯に向き合うことで、信頼を勝ち得るという仕事の「楽しみ」を実感する機会を得たことになります。

それはそのまま本人の心の成長と仕事のプロとしての進化につながり、感性も磨かれていくことになるのです。

26

勇気と覚悟を持って目の前の風景を捉えて自分の感性を育てる

2008年９月に起こったリーマン・ショック。

ホテル業界にも大打撃を与えました。

「宴会の６割がキャンセル…これじゃ潰れる…」

「人件費が痛い。何とかリストラで乗り切ろう…」

「食材や消耗品のコストは徹底的にカットする…」

メディアは「100年に一度の不況」だと煽《あお》り立てる。経済評論家は、「これはほんの序章だ。本当の試練はこの先に待っている」と不安をかき立てる。派遣切りの惨状を訴える映像がテレビで頻繁に流れる。

産業界全体がほとんど同じ反応を示しました。

こんな時、人の財布はどうなるかというと、それは閉じたアコヤ貝になります。どうやったって開かない。

そして最初に節約の対象となるもの、それは「贅沢」とみなされる外食やショッピング、そして旅行なのです。旅行といえば、観光にグルメ、そしてホテル滞在。

人が動かないと「お金という血液」がホテル業界に流れて来なくなる。すると貧血を起こします。

　リーマン・ショックから１カ月後、フロリダに地域担当のリーダー約40人が招集され、３日間の会議が開かれました。みな何が始まるのか戦々恐々です。しかし、リッツ・カールトンのクーパー社長から届いたメッセージは、我々の予想を大きく裏切るものでした。
「難しい時代だ。しかし、いい時代ともいえる。そして間違いなく面白い時代だ。まさに本物しか生き残れない時代になった。偽物（Fake）はみな消えていくだろう。本質を見抜く力が試される。穏やかな海でたくましい船乗りが育つことはないのだ。これを機に、自分たちの経営センスや感性をさらに磨こう。そして、この荒波を乗り越える醍醐味を共に味わおうではないか！」
　聴いているリーダーたちに、力がみなぎっていくのを感じました。企業哲学という錨《いかり》さえぶれなければ、どんな風景でも前向きに捉えることができる。
　トップの勇気と覚悟はどうあるべきか。組織を動かす力とは何か。それらを学んだ３日間でした。

27

市場も社会も常に変わる。ビジネス・サーフィン時代が到来！

ここで質問です。サーフィンを他のスポーツと比較した場合、圧倒的な違いがひとつあるのをご存じですか。

それは、自分の足の下、つまり「フィールド」が常に動くということです。波だから当たり前じゃないかと言われそうですが、他のスポーツ、例えば陸上競技や野球、サッカー、さらにウィンタースポーツでも、地面（フィールド）は動きません。フィールドが動かないことを絶対条件として、ゲームプランを組み立てます。しかしサーフィンだけはフィールドが動くということが条件になるのです。

ホテル業界でも、随分前からアメリカを中心に、「ビジネス・サーフィン（波乗り）」の時代に突入していました。フィールド（市場）が大きく動くことはないと思っていたら、世界的大企業のひとつであったリーマン・ブラザーズがひと晩で消滅してしまった。世界規模で見たら、リッツだけでも何億円という収益が帳簿から消えるわけです。市場も社会も激しく動く「ビジネス・サーフィン」時代を象徴する出来事です。

ひと昔前なら5カ年計画が成り立ちました。今は1年先が見えません。波の高さが読めなくてバランスを崩したとたん、海中にのみ込まれてしまう時代なのです。

企業のキーワードも「Growth（成長）」から「Survival（生き残り）」に変わってきました。ではこの不安定な時代を生き抜くにはどうすればいいのでしょうか。

・1つ目は、波に負けないぶれない企業哲学（船の錨）に磨きをかける

・2つ目は、社員の自立心を目覚めさせ、自ら考え、動く体質を強化する

・3つ目は、圧倒的に顧客に支持される価値創造へとパラダイムシフトする

ということではないかと思います。

そしてここでも社員や業者さん、そしてお客様の心と対話をする姿勢、つまり、「ホスピタリティ」は最も重要なキーワードになると思うのです。

28

Core Value（本来の価値）Added Value（付加価値）本末転倒になっていないかを考える

企業研修で大阪の南港に伺った時のことです。南港は橋下府知事が府庁を移転する候補地ですが、開発地区の常としてタクシー運転手さん泣かせの場所でもあるらしいのです。

深夜に新大阪から乗った運転手さんは、「大阪のいい人」の典型のような人でした。話し好きで、たこ焼きの美味い店から始まって、夜景のきれいな場所では速度を落として説明し、最後は「なにわの格闘集団」の解説までしてくれました。

とても面白く楽しい時間を過ごしたのですが、一つだけ問題がありました。

道に迷って、ホテルに辿り着かないのです。

近くまで来ているらしいのは分かっているのですが、一度迷い始めると不思議なもので、どんどん「ドツボにはまって」いく（と大阪の人は言うらしい）。

運転手「こんなこと、普段はよう起きません」

私「この辺はよく来るのですか」

運転手「夜は分かりにくいから避けてます。明るかったらすぐに分かるんやけどね」

私「でも真っ暗ですね。見つかりますか」

運転手「…あっち行ってみよ」

私「・・・・」

結局、南港地区のなかを30分弱ドライブ観光（？）して、ハイアットに辿り着きました。

何とも気づきの多い体験でした。

人はどういう時に付加価値（運転手の笑顔や話術）を評価するのだろうか。

それは本来の価値（目的地に最速で到着する）が、確実に提供されたときや提供されるという信頼があるとき。

それに尽きると思いました。

ホテルに着かないタクシーのなかで、私の頭に浮かんでいたのは、圧倒的な開発力を誇る「伊那食品工業」の塚越寛会長や、血の出ない手術で看護師を心酔させる「川越胃腸病院」の望月智行院長のお顔でした。

Hospitality Note

第3章

感性を磨ける人になる

29
毎日のラインナップで思いが共有されていく

リッツ・カールトンの仕組みのひとつに、ラインナップ（Line Up）があります。いわゆる朝礼のようなミーティングですが、ホテルはシフト制ですから、朝番だけではなく、昼からのチーム、夜からのチームもあります。それぞれのチームが仕事に入る前の20分間、価値観や思いを共有する時間を持つ。それがラインナップです。

これは一見地味ですが、数あるリッツ・カールトンの仕組みのなかでも最も大事なものです。理由は簡単です。ラインナップこそが企業風土を作り、理念の浸透を促す仕組みだからです。「Commitment to Quality（クオリティへの決断）」という全社員共通の課題について、毎日話し合うことで会社や仲間に対する連帯感と強い絆が生まれ、共有されていきます。

そしてここでのポイントは、「毎日やる」ということ。週に１回、月に１回ではなく、毎日毎日、コツコツと続けることで、それを力に変えていく仕組みなのです。当然マンネリ化させないための工夫と努力も同時に不可欠になります。本社のクオリティ部門には、世界中のリッツ・カールトンからラインナップ用の情報が集まります。それはお客様からの手紙であったり、現場で生まれた物語であったり、新規開業ホテルの情報であったりします。それらが、週ごとの「クオリティの課題」と併せて興味深く学べる資料となって、ウェブを通じて全社員に届けられるのです。

　全世界で働く４万人弱の仲間が、同じ日に、同じ課題や情報を共有し語り合っているという事実。そこから生み出される連帯感は、リッツ・カールトン・ファミリーの一員としての喜びとプライドを実感する時間でもあるのです。

30

Wow Storyは心を育てる肥やしである

　前項で紹介したリッツ・カールトンで毎日行われる20分ほどのラインナップ。そこでは、週に２回、本社が選んだ「ワオ！ストーリー（Wow Story)」が発表されます。思わず、ワオッ！と声が出てしまうような感動の物語です。また各ホテルにもお客様から感謝や感動の体験記が手紙やメールで届きます。この「物語」は社員の心を育てる大事な栄養となるのです。

　例えば、以前に私に届いたこんなメールです。

「……金曜日の真夜中過ぎの六本木。私たちは見るからに、飲みすぎて終電を逃した女たちで、しかもタクシー難民。ホテルに行けばタクシーがいるかもと考えた浅はか者でした。ひと目でリッツ・カールトンの宿泊客でも利用者でもないとわかる私たちに対して、ドアマンの方がすぐに、

『タクシーをお待ちですか？』

『何台ご利用ですか？』

『寒いですから、中で座ってお待ちください』

　と笑顔で声を掛けてくださって、重厚感のあるドアを

引いてくださいました。

実は私は、『ホテルまで行けばタクシーが……』と安易に考えて、最寄りのホテルのタクシー乗り場を利用してしまったのは、あの晩が初めてではありません。

東京だけでなく、大阪で、名古屋で、ニューヨークで、たいがいのホテルで言われてしまうことは、

『こちらのホテルをご利用ですか？』

または、

『ご宿泊のお客様ですか？』

私がホテルの外側から歩いてきたことを確認したうえで、この言葉をおっしゃるのが一般的です。

この言葉を言わなかったのは、都心にある老舗ホテル１軒だけだったように記憶しています。だけど、その代わり『タクシーをご利用ですか？』という言葉も掛けてはくれませんでした……」

この方は翌週、ご自分の会社のランチミーティングの会場としてリッツ・カールトンのレストランを選んでくださったそうです。

31

企業哲学や理念は頭で共有するのか心で共鳴するのか

リッツ・カールトンの強さの秘密は、クレド（前著『サービスを超える瞬間』を参照）を通して、全社員の心に「共鳴」が起こる仕組みを作ったことだと思います。

クレドはリッツ・カールトンの全スタッフが常に携帯していて、哲学と理念のすべてが集約されているカードです。

通常、企業の経営哲学や理念は、全社員で「共有」されます。そして多くの場合、共有されたことで完結してしまいます。朝礼で理念を唱和していると、それは知識として頭に入ってきます。確かに大事なプロセスではあるのですが、学習能力が高い社員ほど頭で理解し、それでよしとしてしまう。では、理念を理解し共有した後に、共鳴を起こす瞬間がやってくるとすれば、それはどういうときなのでしょうか。

例えば「紳士淑女であるお客様にお仕えする我々も紳士淑女です」というリッツ・カールトンのモットー。

常連のお客様の記念日に、仲間や業者さんと協力してちょっとしたサプライズを演出したとします。それがお客様の感動を呼び、おおいに感謝された。その時に感じる達成感や充実感といった仕事の喜び。それはまた、サーバント（給仕）では決して味わうことのない、お客様と同じ目線で働く本当のプロだけが到達できる、働く誇りを実感する領域でもあるのです。

「理念」から「物語」が紡《つむ》ぎ出された瞬間……。

　共鳴が起こるのは、そのときだと思うのです。

　そして物語がたくさん生まれるほど、心の共鳴は強くなる。その物語は社員の間で共有され賞賛されて、さらに新たな物語を生み出す原動力となっていく。

　これが前項で書いたリッツ・カールトンの「Wow Story」の仕組みとなり、社員の心の成長を支える大切なプロセスでもあるのです。

32

リングに上がる
勇気を持とう！
本当の幸せを
考えてみよう！

「リングに上がらなければ、勝者にも敗者にもなれないのだ。リングで戦った者はその結果がどうであれ、その勇気と覚悟において、外からとやかく言う評論家とは一線を画す」

「人の幸せは、達成したときの喜びと、それに向けて創造力を発揮し、努力を重ねるプロセスのなかにある」

どちらも第32代米国大統領のフランクリン・ルーズベルトの言葉です。リッツ・カールトンのラインナップの「今日の名言」にも頻繁に登場します。

毎日の業務のなかで、困難にぶつかることがたくさんあります。リーダーとして責任ある立場に立ったとき、組織をうまく引っ張っていけない、ということもあるでしょう。ついつい、「もう十分やったのだからこの辺でいいか」と心が囁《ささや》く。

そんな時、この言葉を思い出すのです。自分はまだリングの上にいるのだ、プロセスもまだ半ばにしか来ていない、あきらめるなと、自分を鼓舞するのです。

33
孤絶時代のホスピタリティ

私の生まれ故郷は長野県戸隠村（当時）。山の中の農村で、人口は少なく人口密度も極めて低かった。しかし、みんながつながっていました。爺さんや婆さんの病気のことや、お互いのたんぼの様子、果ては中学生同士の恋愛ごとまで、実によく知っていた。

子供も「高野の家の子」ではなく、「戸隠の村の子」としてみんなが育てるから、悪さをすると容赦なく叱られる。テストで100点を取ると、ほめられる。朝夕の挨拶をしないなど、もってのほか。時に煩わしく自由度は低かったけれど、みんながつながっているという安らぎがありました。

私の今の住まいは、約500世帯が暮らす東京のマンション。人口密度は非常に高い。しかし、同フロアの住人と顔を合わすのは月に数回。家族構成すら正確には分かりません。朝エレベーターで別のフロアの親子連れに挨拶をしても、返事が返ってくる確率は５割程度。なかには幼稚園児を後ろに隠しながら、「知らないオジサンに返事をしちゃだめよ」と小声で言い聞かせる親もいます。思わず「同じ住人じゃないですか！」と言いそうになるのだが、それはどうもこちら側の勝手な事情らしい。

いつからか東京は、「孤独がいっぱい」の都市になってしまったのかと思います。人口密度は世界一。しかし、お互いがつながっていない孤独さを感じることが、日に何度もあるのです。

孤独には、「孤高、孤立、孤絶」という3つの意味があるそうです。そしていま「孤絶」が増えている。社会生活は営んでいるのに、自分の居場所がないという、不安な状態の人が増えているというのです。

こんな時代だからこそ、ホテルは温もりを感じる、どこか懐かしい場所でなければならないと思います。お一人様の食事でもいいし、自分へのご褒美としての宿泊でもいい。ホテルという止まり木で安らぎのひとときを味わっていただきたいのです。

ホスピタリティの舞台として、ホテルが真価を発揮できるのは、まさに人と人とがつながるという点においてなのだと思います。

34
多様性をつくる素晴らしい感性を見逃すな！

「『氷が解けたら、□になる』。この□に入る言葉を書きなさい」——これは、ある小学校の理科のテストで実際に出た問題です。正解は「水」です。しかし一人だけ違う答えを書いた生徒がいました。

「春」

不正解のみならず、先生にひどく叱られたそうです。もしこれがリッツ・カールトンの面接であれば、二重丸か花丸がもらえる拍手喝采の答えです。

〝一つの正解〟に思考をそろえていくという教育は、「右向け右！」と号令をかけたとき、全員そろって右を向く人間を作ることはできる。しかし、「氷が解けたら春が来て、フナっこもドジョウっこも出てくるぞ」と思いつく豊かな感性の芽を摘んでしまう恐れもあるのです。

では日本のホテルマンに、「□肉□食の、□に入る言葉は何ですか？」と質問します。「弱肉強食」と「焼肉定食」まではすぐに出てくる答えです。しかし同じ質問を中近東の日本人ホテルマンにしたらどうでしょうか。すぐに返ってくる答えはこれです。

郵便はがき

恐れ入りますが切手を貼ってお出し下さい

1 0 2　0 0 8 3

1 2 6

東京都千代田区麹町４－１－４
西脇ビル５Ｆ

㈱かんき出版
読者カード係行

フリガナ ご氏名	性別　男・女 年齢　　　歳
フリガナ	
ご住所　〒 TEL　　（　　　）	
e-mailアドレス メールによる新刊案内などを送付させていただきます。ご希望されない場合は空欄のままで結構です。	
ご職業 1. 会社員　2. 公務員　3. 学生　4. 自営業　5. 教員　6. 自由業 7. 主婦　8. その他（　　　）	
お買い上げの書店名	

★ご記入いただいた個人情報は、弊社出版物の資料目的以外で使用することはありません。

★いただいたご感想は、弊社販促物に匿名で使用させていただくことがあります。　□許可しない

←小社携帯サイト末尾のバナーからも、ご応募できます。

ご購読ありがとうございました。今後の出版企画の参考にさせていただきますので、ぜひご意見をお聞かせください。なお、ご返信いただいた方の中から、抽選で毎月５名様に弊社オリジナル文具を差し上げます。

書籍名

①本書を何でお知りになりましたか。

- 広告・書評（新聞・雑誌・ホームページ・メールマガジン）
- 書店店頭・知人のすすめ
- その他（　　　　　　　　　　　　　　　　　　　）

---

②本書を購入した理由を教えてください。

---

③本書の感想(内容、装丁、価格などについて)をお聞かせください。

---

④本書の著者セミナーが開催された場合、参加したいと思いますか。

1 はい　　　　　　2 いいえ

ご協力ありがとうございました。

「豚肉禁食」

食に対する宗教上の戒律があるからですね。

物事を一つの価値観だけで捉える習慣をつけてしまうと、国際社会での多様性（Diversity）に向き合い、受け入れる感性が育ちにくい。

グローバル時代のビジネスパーソンには、このような違った考え方や習慣、ものの見方などを受け入れる柔らかい感性が要求されています。

その感性を育てるヒントは、日常の風景を見渡せば、いろいろなところに隠れているということです。

35

食事中の会話はホスピタリティなのです

昨今は、同じオフィスのコミュニケーションでさえ、携帯メールやパソコンメールが多くなっているそうです。違うフロアの人からならばともかく、衝立（ついたて）の向こうにいる同僚からもメールが来る。

「○○の件、ファイルはどこにあるのでしょうか？」

私の世代だと、ちょいと顔を出して「例のファイルどこだっけ？」と声を掛ければ済んでしまう。

メールの利点は記録が残ること。それは理解できます。しかし隣の人ともメールでやりとりするというのは、そこに生の会話が減っているという現実があります。

どうも最近、婚活などで耳にする、「会話の仕方が分からない、会話に入れない、面倒で煩わしい」ということが根底にあるらしい。

ある大学の話ですが、学食の評判が非常に悪い。そこで改善点を学生たちから募集したところ、そのなかにこんな要望があったそうです。

「食事中の会話を全面禁止にしてもらいたい」

「一人ひとりが見えない状態で食べられるように、テーブルに衝立を立てて欲しい」

要は他人が楽しそうに会話をしているのも気に入らないし、そこに入っていけない孤独感を味わうのもまた嫌だ。だったら、みんなが平等に孤独でいる空間のほうが逆に自分の居場所がある、ということでしょうか。衝立に向かいメールを打ちながら黙々と口を動かす学生……。農家出身の私が思わず連想したこと――それは、仕切られた金網かごの中で餌を啄《つい》ばむブロイラー（食用鶏）の姿でした。

空腹を満たすための「食餌」と違い、「食事」は動物や植物から命をいただくことに感謝をするとても大事な時間なのです。

「人」を「良」くする「事」と書いて食事。

慌ただしい仕事の合間をぬって食べることもあるでしょう。それでも一瞬立ち止まって「いただきます」といえる感性が人を成長させ、ホスピタリティの心を育む貴重な時間になるのだと思うのです。

36

量から質の競争へ。そんな時代に求められる感性とは？

水を加熱していくと、どうなるでしょう。

ぬるいお湯になり、さらに熱していくと、やがて熱湯になります。99度になった熱湯。手を入れたら火傷をするような熱いお湯です。

さらに「１度」上がり、100度になるとどうなるでしょうか。これは学校で習いました。100度は沸点だから水蒸気になります。

では水蒸気は、何をすることができるか。

そう、蒸気機関車を動かすことができるのです。

99度ではまだ液体です。機関車を動かすことはできない。しかし100度で気体となったとき、機関車を動かす力となる。たった１度の違いで、です。しかしこの違いはとてつもなく大きいのです。

量から質への転換――。どの業界でもいわれている言葉です。ホテル業界も例外ではありません。Ａさんは５年の経験がある。Ｂさんは15年の経験を持っている。二人の能力を推し測る場合、かつては経験や知識をベースにすることが一般的でした。いまその要因が大きく変わりつつあるのです。経験や知識といった「量」から、洞察力や見識、そして知恵という「質」の世界で価値が判断される時代になったのです。リーダーには特にそれが求められます。

知識の力から見識の力へ
見識の力から胆識の力へ

これまで得た知識から導き出された、物事を洞察する見識の力。それがベースとなり、胆を据えて先を見通す力を持つ。これからの時代を乗り切るために必要な感性だと思います。

37

自分の言葉で、自分のやり方で、しかし最初はマニュアルから！

大阪でリッツ・カールトンを開業するとき、スタッフたちとこんな会話をしました。

「サービスをするときは、自分の表現方法を持つことが必要だね。先輩をそのまま真似ても自分らしさが出ない。言葉遣いひとつでも、どうすればお客様に心地よく響くかを考える。それが名脇役ホテルマンとしての義務であり、誇りだと思うよ」

キャリアが浅い俳優でも、自分の「地」に近い役柄なら上手に演じることができるといいます。

舞台監督であるリーダーはスタッフのキャラクターを見抜き、キャスティングや演技の指導をする必要があります。スタッフにもまた、「どうすればお客様がより快適に過せるか」を常に考えながら仕事に取り組む姿勢が求められます。そういう心がけのもとに、みんなが日々の業務と向き合っていれば、キャリアを重ねるごとに表現の「引き出し」が増えて、いろいろな役柄がこなせるようになるのです。

しかし、ここで忘れてはならないのは、最初はマニュアルの徹底が重要であるということです。現場で働くスタッフの「サービスの基礎体力」をそろえるものは、マニュアルしかないからです。舞台でいうと、台本でしょうか。台本を読み込み、すべて覚えたら、次にそれを表現する。サービスや営業などに携わる人にとって、マニュアルを超えて自分らしいサービスを考えるプロセスもまた同じです。

フィギュアスケートの浅田真央選手は、基礎練習を徹底することで有名です。トップアスリートの多くはそうなのでしょう。多くの人たちを魅了する素晴らしいパフォーマンスを生むためにも、地道な基礎練習が絶対に欠かせないということなのです。

38

才能と感性の幅が、サービスの幅を決めるもっと表へ、もっと前へ

　日本人の儒学者によって紹介され、実業家や政治家などに愛読されている中国の古典・菜根譚《さいこんたん》に、こんな処世の言葉があります。

「才能を内に秘めながら無能をよそおい、明察でありながら知恵をひけらかさず、濁流に身を置きながら清廉を保ち、身を屈して将来の飛躍に備える」

　日本人としてとるべき態度、生き方の一つのかたちとして受け入れられたのでしょう。

　これを少し逆説的に考えてみます。私がホテルマンとしての修業をしたアメリカの価値観と照らし合わせるとどうか。

　会議などで自分の知識やアイデア、経験や知恵などをきちんと表現して伝える力がないと、まさに無能というレッテルを貼られてしまう。

　チームで課題を乗り越えようとする場合、個々が持っている知恵を最大限に出し合い、それを結集することで解決しようとする。個人プレーではない。

清廉を保つということに関しては、アメリカの宗教観と日本の倫理観とはおのずと違います。どちらも正しい。

身を屈してという感性は日米共通のものでした。「Bend before big jump（大きな飛躍の前には身を屈める）」という言葉があります。突っ立った状態からはジャンプする力が出ないというのは日米共通の思考です。

今の日本においては、社会構造と市場のパラダイムは大きく変わりました。すでに才能や知識は隠しておくものではありません。知恵と共に多いに生かされるべきもの。見識と胆識も加わってどんどん実績を積んでいくべきもの、というのが現代の考えだろうと思います。

そこで必要となってくるのは、自身の才能と感性を磨き育てるということ。優れたメンターと出会い、刺激を受けることはとても有効です。そうして感性の物差しが30センチ、50センチ、1メートルと少しずつ伸びるにつれて、表現できるホスピタリティの世界が大きく広がり、目の前の景色も違って見えてくるものと信じます。

39
不満が感動に変わるとき

「リゾート・ホテルの朝食は、楽しい１日の始まりを予感させるものであって欲しい」

旅行者の共通した思いでしょう。

海外のリゾートに行くと、大きなマグカップとコーヒーポットが、テーブルの上にどかっと置かれます。熱々のコーヒーを注いで、たっぷりのクリームで、「さあ飲もう」のつもりが「なんじゃこりゃ？」、ぬるいのです。まだ、いっぱい入っていたので、下げたポットを間違えて持ってきてしまったのでしょう。お客様の不満が噴き上ってきます。すぐに代えてもらおうと思っても、ウェイターは一向にこっちの様子に気づいてくれません。不満は怒りに変わってくる。せっかくの夢のリゾートも台無しです。

一方、マグに注がれたコーヒーが全然減らないことにウェイターが気づいたとします。様子もおかしい。すっと近づいて「コーヒー、お気に召しませんか？」とポットに触れたとたんに自分の重大なミスに気づく。

「I am so sorry, sir!（申し訳ありません！）」と言って、すぐに熱いコーヒーに取り換えてくれた。

しかもウェイターの後ろには料理長がいて、「大変なミスがあったそうで、本当に申し訳ない！　これは当ホテル自慢のものですが、ぜひ召しあがって頂けませんか？」とお皿いっぱいのデニッシュを持ってきてくれたとします。

さっきまでの不満や怒りはどこへやら。一流ホテルの料理長が自分への詫びとしてわざわざパンを焼いてきてくれた、というストーリーが出来上がります。旅先の想い出がどんどんふくらんでいきます。

このように、お客様の感情の針が、思いきり不満に振れるのも、満足に振れるのも、ほんの紙一重のことなのです。

スタッフが常にお客様の様子や思いに自分の心を添えて景色を見ていると、思わぬ失敗も満足や感動につながっていくものなのです。

Hospitality Note

第4章

サービスの達人たちが持っている「アンテナ」と「レーダー」とは

40

ボールが集まる
プレーヤーになりたい

サッカーの元日本代表・中田英寿さんは、どういう選手を目指すのかという問いに、「ボールを回したくなるプレーヤー」と答えたそうです。パスがたくさん集まる選手は、他の選手の信頼も厚いわけですし、見せ場もまたそれだけ増えます。しかし、動きに余裕がなかったり、すぐにボールを奪われてしまったりする選手には、とても安心してパスを回せないということでしょう。

これは職場にも当てはまります。忙しい人のところには、なぜか仕事が集まる。「急ぐ仕事は忙しい人に頼め」と諺《ことわざ》のようによくいわれるくらいです。忙しいはずなのに、なぜか次々と仕事が片付いていく。しかも楽しそうに仕事をしていて、余裕さえ感じられる。

簡単に到達できる領域ではないと思います。しかし真剣に仕事と向き合い、努力を重ねる姿勢が、周りに「パスを回したい」という気持ちを起こさせる。それを続けていくうちに、今度は自分からも的確なパスが送れるようになっていく。

このプロセスを通して、仕事の処理能力だけでなく、人間力も同時に鍛えられていくものなのです。

41

本気の仕事には、感動がある！

「夏の風物詩といえば、なんといってもビヤガーデン！」というのは私だけでしょうか。そのビヤガーデン、考えさせられることが多いのです。たまに10個以上ものジョッキを笑顔で軽々と運んでいるウェイターがいます。思わず見とれてしまう「名人芸」です。テーブルからは拍手が起こります。いったい、どれほどの訓練を積んでこられたのでしょうか。

　次に生ビールの味の違いです。マイスター（ビール注ぎ名人）の注いだビールは確かに旨い。それはどうも泡の量と粒子に秘密があるらしいのです。たかがビールと侮《あなど》るなかれ。その日の気温や湿度、ビールの温度の微妙な違い、ジョッキの冷え具合などで注ぎ方を変えるのだとか。そうして最高の１杯を生み出すのがマイスターであり、実に何年もかけてビールと対話をすることで初めてなせる業だそうです。

　ジョッキを運ぶこと自体はそう難しいものではありません。多少の器用さは必要かもしれませんが、誰でも練習さえすれば6個くらいは運べるようになります。

ビールを注ぐことは誰でもできます。見ているとウェイターが兼任でやっているところも多い。でも彼らが注いだビールの泡は、すぐに消えてしまう。だから味も落ちてしまうのです。

しかし、ジョッキ10個を運べるウェイターや消えない泡を創り出すマイスター。彼らからは明らかに違う迫力が伝わってきます。仕事と向き合う本気さが違うのです。作業員ではない、一流のプロとして仕事に向かう誇りを感じるのです。

仕事帰りのビジネスパーソンや、にぎやかな若者のグループ。多くは私のような酔っぱらいでしょう。それでもお客様の疲れた心や楽しい心と向き合って、最高の時間を創り出そうとするプロたち。

ビヤガーデンのスタッフとお客様との一期一会…。

いろいろと考えさせられる空間なのです。

42

まぐれでヒットになったのか
実力がヒットにしたのか

マリナーズのイチロー選手には、実にたくさんの逸話があります。これもそのひとつです。

あるとき、大きく高めに外れるボール球を振ったら二塁打になった。普通の選手だと、「うまくいった。ラッキー！」と思うところでしょう。しかしイチロー選手は違った。なんと彼は、「しまった！」と思った。

あれは絶対ヒットになるはずのないボール球だった。それがたまたまバットに当たって「ヒットになって」しまった。もしも体が、次回もあのボール球は打てるものと勘違いをしてしまったら大変なことになる、と悩んだのだそうです。

企業の現場ではどうでしょうか。ある商品が、まったく想定外の市場の反応で大ヒットしてしまった、というケースは案外と多いものです。市場の気まぐれで大ヒットとなり、社長賞までいただいてしまった。

賞状を頂きながら心の中で、「しまった！」と思える感性も磨いておきたいものです。

43

サービスの達人はアンテナとレーダーを持っている

営業やサービスに携わる一流のビジネスパーソンは、日頃から感性の「アンテナ」と「レーダー」を磨く努力をしています。

アンテナは発信された情報をきちんと受けとめる力であり、レーダーは自分から情報を探しにいく力です。

もしもこれらが働かなかったら、情報を探すことも受け取ることもできません。

たとえ、お客様からの情報は受け取ることができても、それをどう行動につなげたらいいのか分からないというのでは、サービスやホスピタリティは生み出せません。いいビジネスパーソンは、この両方がバランスよく鍛えられているのです。

さらに、十分な情報をお客様から引き出すためには、どう話しかけたらいいのかを、常日頃から意識している必要があります。

ある時、ホテルの宴会場のクロークにお客様がカバンを預けに来られました。お客様が名刺入れを出して、

「はっ！」とされた変化に、クロークの女性は気がつきました。

「どうかなさいましたか？」

「名刺を補充してくるのをうっかりしてね。弱った…」

「あと何枚ほど必要なのですか？」

「う〜ん、30枚ほどかな」

「少し薄い紙になりますけど、カラーコピーでよければ私が取ってきましょうか。数枚、お預かりできますか」

5分後に名刺のカラーコピーとハサミを2つ持った彼女が戻ってきて、

「それでは、一緒に名刺を作りましょうか」

と、にっこりひと言。このときのお客様のお顔、想像できますか。

リッツ・カールトンでの何気ない日常のひとコマです。

44

プロのパフォーマンスにはわざとらしさがない

この人はやるな！　プロだな！　という人は、意外と「私こそはプロです」というオーラや雰囲気を出していないことが多いのです。

前項で書きました、名刺を忘れられた方の話で見落とされがちなポイントは、単に名刺を作ったことではありません。ポイントは、お客様にプレッシャーと引け目を感じさせないようなアプローチを工夫したということなのです。

彼女がバックヤードで名刺をコピーしてから、きちんと切り分けてお客様にお渡しすることも可能です。しかしそれではお客様に、「さあどうぞ、作ってあげましたよ」というプレッシャーを感じさせるかもしれません。あるいは「次は忘れないでくださいね。間抜けなビジネスパーソンさん」という声なき批判を感じさせるかも知れない。それが、

「一緒に名刺を切り分けましょうね」

と言ってハサミを渡されると、お客様は安堵されるのです。

会話も弾むかもしれません。

「いや、私、ほんとにそそっかしくて。いつもは女房が玄関でチェックしてくれるんだけど、いま実家へ帰っていましてね…」

時として柔らかさを演出し、時として自分の気配を消すなど、ホスピタリティの「プロ」を目指す人にとって、すべてのパフォーマンスは真剣勝負の場でもあるのです。

45

ホスピタリティの要素は笑顔、清潔感、明るさ

ホテルに限らず、ホスピタリティ溢れる優れた企業を訪問させて頂くと、必ず気づく共通項があります。

・社員の笑顔が素晴らしく輝いていること

・オフィスや敷地内の整理整頓が徹底されていること

・透明感と明るさに包まれていること

リッツ・カールトンには、社員の立ち位置を表すこんな言葉があります。「いつも笑顔で！　あなたは舞台にいるのだから」また、創立者のシュルツィ氏の口癖は、「ホテルにおいてCleanliness（清潔感）はすべてに優先する」でした。弾ける笑顔と清潔な職場、そこには命を輝かせるようなエネルギーが溢れています。

しかしなかには、この反対のエネルギーを感じる組織があります。経営陣は職場の雰囲気が暗く苦しくなるような「毒ガス」を発していて、職場は乱雑。社員は表情に乏しい生気のない顔で、萎縮して仕事をしている。そんな職場です。大切な命が輝いていない。

人生の大半を過ごす職場という舞台。そこでどんな時間を過ごすかで、人生の質さえ決まってしまうのですね。

組織の立ち位置が深く問われるところです。

46

自分の都合で仕事をしていると足をすくわれる

落語家の立川談四楼師匠の本を読んで、「なるほど！」と思わず膝を叩く場面がありました。

ウナギを食べに行ったときの話です。店の前に来たら、楽しみにしていたお店は閉まっていた。入り口には「お客様へ。誠に勝手ながら都合により休ませていただきます。店主敬白」という張り紙。

よくある話ですが、カチンときた兄弟子の文字助さんが、「何か書くものはないか」と弟子の筆ペンを手に取ると、敬白の文字を軽薄に書き換え、その横に「てめぇの都合ばかり並べやがって、客の都合はどうなるんだ。文字助参上」と書いた。すると、翌日店主から、「まことにごもっとも…」とお詫びの電話が入ったそうです。

それから臨時休業のときは、「都合により休ませていただきます」の横に、「お客様のご都合をかえりみず、休みますことを幾重にもお詫び申し上げます」という文字が入るようになったというオチです。

これはまさに目からウロコでした。レストランやホテルの現場でも、案外と見落とされていることなのです。

臨時休業の張り紙をするどころか、この頃は「ネットのアナウンスで事足りる」というところさえあります。

会食を楽しみに足を運んだら、「改装のため2カ月閉店いたします」の張り紙。コンシェルジュを問い詰めても、ホームページで告知してありますから、という返事。しかし、実際に足を運んでくださったお客様が感じる落胆やがっかり感は、お店が張り紙するその紙の軽さより、はるかに重いのです。

文字助さんのようなお客様はむしろまれで、落語の世界でなくとも、「こんちくしょうめ。二度と来てやるもんかい」と縁が切れてしまうのが現実でしょう。

このウナギ屋の一件、貴重なアドバイスを授けて頂いたことに気づいた店主も偉かった。

ホスピタリティを語るとき、言葉にされない〝お客様の不満〟にも思いを馳せる姿勢が求められるのです。

47

最悪を検証すれば最適が見えてくる

「どうすれば、よりよいサービスを提供できるのか」

お客様と関わる仕事を持つ人すべてにとって、永遠に解決することがないテーマです。

営業会議などでも、お客様のニーズを掘り起こし、的確に捉えてそれに合ったサービスやパッケージを提供しよう、などという極めて当たり前な議論に終始することがあります。思考回路が袋小路状態になるのです。

大阪のリッツ・カールトンの開業時に「逆説的ブレイン・ストーミング」という会を開きました。

「お客様に嫌われるホテルマンになるにはどうしたらいいか。このホテルには二度と来たくないと思われるためにはどうすればいいのか」

これを居酒屋の片隅で、リラックスした雰囲気のなかで話し合ったのです。

すると、「待ってました」とばかりに、本当に嫌われたいのかいと思うほどの発言が続きます。

「擦り切れた、汚れた制服でサービスする」

「靴を磨かない。制服とちぐはぐな色の靴を履く」

「食後に歯を磨かずに接客する」

「爪の間に垢を溜めておく」

「鼻毛やひげをきちんとしない（男性）」

「髪をアップにせず、長く垂らしておく（女性）」

「笑顔やよい表情は決してみせない」

「お皿やコップが空でも気づかない振りをする」

「温かいものは冷たく、冷たいものは温かく提供」

「いちいち、このご注文はどちら様ですかと聞く」

「お客様の視線に気づいても目を合わせない」

「電話の折り返しは、絶対にすぐにはしない」

「社員同士、無視し合い、冷たい雰囲気を作る」

200項目くらいはすぐに出たでしょうか。

つまり裏を返せば、誰でも素敵な体験よりもはるかに多くの「嫌だな」と感じる体験に出合っているということなのでしょう。

こうして時々、逆説的に最悪を想定することは、最適なサービスのかたちやホスピタリティを見直す上でも、有効な手段になるのです。

48

ワクワク感が心のエネルギーを生み出す

風呂上がりのビールを飲みながら、「今日も楽しく仕事をさせて頂いたな、ありがたいな」と思える日は、身体は疲れていても心が充実感に包まれているものです。

ある日の夕方遅くに、こんな電話が入りました。

「たった今、成田に着きました。まず高野さんにひと言、電話でお礼を伝えようと思って。今回の滞在、本当に良かった。ありがとう。じゃ、これから自宅に電話するから。また今度ゆっくり報告しますね。では」

海外旅行から戻られたお客様からでした。成田空港に着くなり、しかもご自宅にかける前にお礼のお電話を頂いたのです。

これでホテルマンは泣いてしまうのです。

お客様とのご縁と絆に感謝して、ワクワクとした心で、「さあ、明日も頑張ろう！」と自分に語りかけながら、オフィスのライトを消したのでした。

49
「原理・原則と仕組み」これが分かると、人は強くなる

ニューヨークのスタットラーヒルトンホテル（当時）は2200室を有するマンモスホテルです。当時このホテルの運営はコンピュータではなく、すべて手作業で行われていました。予約センターからの報告はテレックスです。それを台帳に記入することから１日が始まります。追加、変更、取り消しなども手作業。チェックインはもちろん、客室の清掃状況をフロントで管理するのも手作業。ＶＩＰのお部屋チェックは、直径60センチくらいの鉄の輪に付けられたマスター・キーを首にかけて一部屋ずつ回ったものです。これはとても良い経験でした。コンピュータ化で見えなくなった運営の仕組みが見えたのです。例えば停電でシステムがダウンして、請求書がプリントできないときでも、「手で作れば済む話じゃないか」と、慌てずに腹が据わります。

お客様をお迎えし、滞在をお楽しみいただき、お送りするというホテル運営の原理。それを支える仕組みとは何かを教えてくれた職場でした。

50

約束×年数＝信用。一度約束を破れば築き上げた信用はゼロになる

　リッツ・カールトンにとってブランドとは何か、という問いに、我々はこう答えました。
「ブランドとはプロミス（約束）である」
　リッツ・カールトンが社会で信用を築いていくためには、「あそこだったら大丈夫」というお客様の期待を裏切らずに、約束した価値を常にお届けするということです。それを約束と位置付けて、コツコツと努力を積み上げるしかありません。だから、「リッツ・カールトンの企業体質は？」と聞かれたら、「コツコツです」と答えるのです。
　これは本来、どの業界でも同じであるべきです。
「あの店の食材なら大丈夫のはず」
「あの会社の部品なら大丈夫」
　そういうところは、みんな長年にわたり「我々はこういう商品を提供します」という約束を誠実に守り続けているからです。その時間の試練に耐えて初めて、ブランドが確立しています。

　ですから、ブランドの公式はこう表されます。
「約束×年数＝信用（ブランド力）」
　では、この公式の「約束」が「０」になったらどうか。掛け算ですから信用も「０」になります。すなわちどんなに時間をかけて積み上げたブランド力も、一度約束を破ることでゼロになってしまうということです。
　ここ数年、幾多の老舗の有名ブランドが表舞台から姿を消していきました。お客様との間の約束を破ったことが原因であるケースが少なくありません。
　だからこそリッツ・カールトンでは、「ブランド＝プロミス（約束）」という価値観を社員一人ひとりが徹底して自分のものにしようとしているのです。

51

大樹の年輪、ブランド、本物になるためには膨大な時間がかかる

新型インフルエンザ騒動のとき、大阪の多くのホテルやレストランは大打撃を受けました。しかし、リッツ・カールトンはお客様がそれほど減らなかったのです。多くの方が「あそこやったら大丈夫やろ」といって食事にいらしてくれたのです。

お客様はいったい何を根拠に大丈夫と思ってくださったのでしょう。ではここで質問です。

「レストランで、最も不衛生になる可能性の高いものは何でしょうか？」

トイレでしょうか、キッチンでしょうか。あるいはスタッフの髪の毛でしょうか。

答えは「メニュー」です。

メニューというのは誰の前にも出されるものであり、誰しもが触るものです。ファミリーであっても友人同士であっても、メニューを開きながらわいわいがやがや、ページをめくります。たとえ静かな一人のお客様でも口からの距離は近いのです。息はかかるし、スタッフと話

せば唾も飛ぶ、というわけです。

リッツ・カールトンのレストランのスタッフは、常日頃から丁寧にメニューを拭いています。テーブルにお出しする前も後も。お客様は何となく目の端でそういうところを見ていらっしゃる。でも、このような騒ぎがなければ、どなたも気にすることではなかったでしょう。

しかし、今回の騒ぎが起きた。それでも子供の誕生日や友人のお祝いなどで外食はしたい……。そんな時にお客様の潜在意識からふっと浮かんできたのは、レストランのスタッフたちが毎日メニューを拭いていた姿だったのだろうと思います。そして「あそこだったら大丈夫だろう」と思って頂けたようです。

愚直にコツコツと何年も続けていることが、信頼の構築につながっていく。年輪が樹の幹を太くしていくように、ブランドが本物になっていくプロセスもまた同じであると思います。

52

人生は不公平！？人生は誰も裏切らない自分が自分の人生を裏切るのだ

友人から聞いた話です。

AさんとBさんは東京での面接試験のため、長野から新幹線に乗る予定だった。ところが台風で不通になった。朝それを知ったAさんは、午後からの面接の約束について、電話で先方に問い合わせました。

「台風で伺えそうにありません。今日の面接を先に延ばしていただけませんか」

「大変ですね。では来週の同じ時間にしましょう」

「お願いします。（ああ、よかった。ラッキー！）」

Aさんは心底、安堵したのです。

しかし、Bさんは違う行動を取ったのです。電車のダイヤをいろいろ調べて、新潟経由なら、倍の時間がかかるが何とか間に合いそうだ、と面接に向かいました。

そして時間ギリギリで到着できたのです。

「台風でちょっと濡れてしまいましたが、何とか間に合いました」

面接官は首をかしげて、たずねました。

「あれ、あなたは確か長野の方ですね。台風で、新幹線は不通なのではありませんか？」

「ええ、でも新潟経由で来る方法が見つかりました。ラッキーでした」

確かに２人ともラッキーと感じた。

しかし見ている景色はまったく違っていたのです。翌週Aさんが面接に現れたとき、Ｂさんはすでに仕事を得て働いていました。

チャンスは２人に公平に訪れました。そのチャンスを生かそうと、東京へ行く情報を必死に探し出したＢさん。台風だからと、そのチャンスを見逃してしまったＡさん。

人生は選択の連続です。

チャンスが巡ってきたとき、それをどういう景色として捉えるのかが大きな分かれ目になるのです。

Hospitality Note

第5章

相手の幸せのために、まず自分が成長する

53

「CSもESも」実感できて初めてお客様を大切にする力になる

あるホテルの全社員総会で、総支配人がこんなコメントをされました。

「昨年の我が社の社員満足度（ES）は10点満点中６点だった。まずまずであるが、今年はお客様満足度（CS）に焦点を絞りたい。みんなと頑張って満足度８点くらいは達成したい」

「うちはお客様第一のホテルなんだから、とにかくすべてお客様のことから考えるように」

さて最初のコメントですが、これはホテル業界では成り立ち難いのです。理由は簡単です。

社員満足度６点のレベルにいる社員には、お客様満足度８点のレベルがどういうものなのかが分からないのです。実感できないから、何をどうすればいいのか考えても思いつかない。

もしも総支配人が本気で顧客満足度８点を目指すのであれば、まず社員満足度９点を目指さなくてはならないのです。

次に総支配人が営業会議に顔を出すたびに、初めにこう切り出したとします。

「先月の宿泊の売上げは○○だった。婚礼の売上げは○○だった。レストランのイベントの売上げは○○…」

これはお客様第一の会議ではありませんね。明らかに売上げ第一主義の会議です。お客様が一番ならば会議では、お客様のことを一番に話さなくてはならない。

これとまったく同じ理由で、口では社員を大事にするといいながら、それが社員に実感として伝わらないとします。

社員食堂はまずい。裏はホコリだらけ。ビジョンも共有されない。研修もろくにないなど……。

そうすると、社員の心に一つの思いが固まります。

「なるほど。うちのホテルは、本音は売上げ第一主義なんだ。CSもESも目的ではなく、あくまで売上げを伸ばすための手段だったんだ」

こうなると社員のアンテナは売上げ（お客様の財布）だけを向いてしまい、絆づくり（お客様の心）に向き直ることは二度となくなってしまうのです。

54

プロは悩みの捉え方が違う 悩みながらも進化する

ホテルの現場は、いつも平和で楽しく過ぎているわけではありません。毎日のようにさざ波や大波が起きます。お客様からの苦情、上司や部下との軋轢《あつれき》、社内でのイザコザなど等、悩みの種はいくらでもあります。まるで雑草が芽を出すように生えてきます。

しかし、そんな時でも、仕事のプロとしての心の立ち位置を意識することはできます。悩みがあるのは働く場所があり、仲間や上司やお客様があればこそ。しかも悩むこの時間ほど自分を成長させてくれるものはありません。自分の心を鍛え、「しなり」を作るありがたい機会なのだ――そう捉える感性。さらには悩みの種となった人にも、きちんと感謝の念を持つ勇気。簡単ではありませんが、それが大人としての価値観でもあるのだと思います。

自分の心の土壌に「悩みという雑草」の芽が生えるたび、すぐに草取りを鮮明にイメージする。そして仕事の喜び、出会いの喜び、成長の喜びという、「美しい草花」の種を蒔く姿をイメージする。たったこれだけでも、目の前の景色がずいぶんと違って見えてきます。

明治生まれの思想家、後藤静香の短文には、いま読んでも新しい価値観がちりばめられています。

老樹

烈風に当たって　根が深くなった
樹かげに　泉が湧いてきた
善い者も悪い者も　その陰に憩わせた
自分を倒す樵夫《きこり》にも　終わりまで陰を与えた

ホスピタリティの世界に生きるひとりとして、これこそ目指すべき立ち位置と感性だと思うと、身が引締ります。

55
心のなかに潜む厄介なウエット・ブランケットをやっつけろ！

アメリカ人が好きな言い方で「ウエット・ブランケット（濡れた毛布）」という表現をご存じですか。

例えば、企画会議などでいいアイデアが出て、「それ、いいね！　それでいこう」と盛り上がったとします。その瞬間に、「う〜ん、昔、それで大失敗したことがあったな。あれは確か……」と、みんなのワクワク感の炎を、濡れた毛布でジュッと消してしまう人。

あるいはオフィスの片隅から陰気な表情で全体を眺めている人。その暗いオーラに触れたとたん、心がしぼんでやる気を失わせてしまうような人。そんな「火消し名人」をさす言葉です。多くの場合、彼らは管理職であったりします。だから火消しの威力もすごいわけです。

しかし、このウエット・ブランケット、誰もが心の奥に１枚や２枚、隠し持っているのではないでしょうか。「裏コミットメント」ともいわれますが、トップの指示は聞こえてはいるけれど、行動に移さないでおくこともそのひとつです。

業績不振にあえぐ某航空会社の建て直しに送り込まれた会長の、以下のコメントが印象的でした。

「この経営状況だというのに、管理職から社員まで危機感というものをまったく感じさせない。何とかなる、誰かが何とかしてくれると思い込んでいるかのようだ」

厳しい時代を乗り切るために、恐れずに社内の変革を行おう。これは正しいメッセージなのに、どうもそれが言葉だけで、行動に表れない。変革を避ける。

心の奥にあるウエット・ブランケットが、「裏コミットメント」というかたちで炎を消してしまうのでしょう。

リッツ・カールトンでは、アメリカの人気SF映画『ゴーストバスターズ（幽霊退治人）』に引っかけて、会議の時などに「ウエット・ブランケット・バスター」という役割を決め、「火消し名人」が現れそうになったら、摩擦を起こすことなく、このマイナス感情を退治するようにしています。

56

マネージャーは
業務を正しく行い、
リーダーは
何が正しい業務かを
考える

　コヴィー博士の名著『７つの習慣』は、リッツ・カールトンの教科書です。なかでもマネージャーとリーダーの役割の違いは、現場で明確に意識されています。

　例えば、ある島で山の頂上を目指す道を造るとします。邪魔な枝や下草を払うナタをみなに渡し、「さあ、枝を落としたら、次は下草を刈って！」と手順を的確に伝える。これはマネージャーの役目です。

　しかし、作業手順は正しいのに、いつまでたっても頂上に着かない。そのとき、高い木に登って上から、「しまった、島を間違えた！　隣の島だ。すぐに移動！」と指示を出す。これがリーダーの役目。その指示どおりマネージャーは島を移動して、引き続き作業手順を進めていく。これがマネージャーとリーダーの本来の役割分担なのです。

　しかしマネージャーが、「何を言っているんだ。もう作業は始まっている。ナタだってよく切れる。このままこの島で頂上を目指すぞ」と言ったらどうなるか……。

　一生懸命働いているのに業績が上がらない。そのとき自分がいるのは本当に正しい位置なのかどうか、立ち止まって俯《ふ》瞰《かん》する感性が必要かもしれません。

57
少しの間、悩みを引き出しにしまってみましょう

苦情やトラブルは自分の成長の肥やしになると分かっていても、心が受け付けてくれない時があります。しかしお客様が次々にいらっしゃるというとき、ネガティブな思いを引きずったまま接客するのは失礼なことです。そんな時はどうするか。

私がやっている切りかえ術です。

自分の頭のなかに10段くらいの引き出しのタンスをイメージします。そして、きついお叱りやクレームを受けた時、お話を伺った後で、タンスの引き出しを開けて、いったんその言葉を仕舞い込むのです。

「この問題はあとできちんと反省する。まずは目の前のことを優先させなくてはならない。引きずっている暇はない。あとで引き出しから出してじっくり考えよう」

時間が取れればもちろんその場で考え、次のステップを考えるのが最善かもしれません。しかし、なかなかそういう時間の配分ができない場合が多い。その時のためにイメージのタンスを用意しておくのです。これは責任回避でも逃避でもない。単なる先送りでもないのです。

本当にきつい場合にだけそっと開ける、ストレスの休憩所のようなものです。

実はこの方法は私のオリジナルではありません。

ある雑誌に、第42代米国大統領のビル・クリントン氏の特技として紹介されていたものを、私流にアレンジしたものです。彼は外出中に頻発する問題を処理していくために「プロブレム（問題）・ファイル」を頭のなかにイメージしたそうです。そしてそれぞれの問題をいったんファイルに仕舞っておき、執務室に戻ってから処理したという記事が載っていました。それを試してみたのです。ただファイルより引き出しのほうが自分にはイメージしやすかったので、タンスをイメージするようになりました。

プロ意識は絶対に必要だけれど、それに比例してストレスの負荷も大きくなってしまう。そんなとき少しの間だけストレスを引き出しに仕舞わせて頂くという発想も、悪くはないと思います。

58

「前向きで
あり続けなければ……」
という考えは
ストレスを蓄積してしまう

トップアスリートのトレーニングは、筋肉に相当な負荷をかけて行います。極限に近いところまで自らの肉体を追い込みます。しかしハードな運動だけを続けても筋肉は鍛えられないそうです。運動することで筋肉の繊維が少しだけ切れるのですが、体を休めることによってそのダメージが回復する時に、今までより少しだけ繊維が太くなるのだそうです。運動→休息というその繰り返しによって、見事な筋肉が手に入る。ですから鍛えた筋肉を休めることも大切なプロセスと考えているのです。

ビジネスパーソンの心の鍛え方も似たところがあります。若いスタッフに、「常に明るく前向きに、仕事と人に向き合うように」と言っても、心はそれほど強くありません。前向きに、前向きにと言われすぎると、逆にそれがプレッシャーとなって心が後ろ向きになってしまうのです。

負荷を掛け続け過ぎると痛みだけが増して、しなやかさが失われる筋肉のようなものです。心の亀裂が修復される前に新たな亀裂ができてしまうかもしれません。

だから時々は、仕事から解放されて趣味に没頭したりする時間が必要なのです。

59

「聞く」のではなく「聴く」という姿勢でお客様に接したい

観察力と表現力は、ホスピタリティの世界で求められる重要な能力です。お客様へはもちろんのこと、パートナーである業者さん、同僚のスタッフへの心配りは、強い人間関係を築くうえで欠かせない感性だからです。そのためには観察力は欠かせないのです。

その第一歩は、相手に心を添えて、話を聴くという姿勢です。もちろん「聞く」ではなく、「聴く」という姿勢です。聴き切る覚悟で聴くということ。

一生懸命に相手の言葉に耳を傾けていると、不思議と見る力が磨かれてくる。そうすると相手の良さもまた見えてくるようになるのです。つまり簡単にいえば、観察力で相手のほめるところをたくさん探すということです。

しかし改まっていざほめようと決心しても、日頃からそれを言葉や態度で表現する訓練をしておかないと、ほめることは意外と難しいのです。

「あいつだけは、ほめようがない」とみんなが言う人に対して、「あいつほど、タバコをうまそうに吸うヤツはいない」というほめ名人のひと言に、なるほど、と納得したという落語があります。

相手のいいところに気づく観察力とそれを表現する力は、常に周りに気を配り、関心を持って物事を見る習慣がないと身につかないものです。

ネイルアートは一切せずに、爪をピカピカに磨いている女性がいます。爪にアートも色もないけれど、綺麗に光っていることに気がついたら、「すごく健康的で素敵な爪ですね」と素直にコメントする。

そんなことが潤滑油となり、ファンが増えるきっかけになるかもしれないのです。

60

膨張するより、ゆっくりでいいから成長したい。その先に、成熟が待っている

外から見て、「ものすごく勢いがある」と思える会社ほど、あっけなく消えていってしまうことがあります。

私が35年間在籍したホテル業界には、成長を焦った企業が残した数々の「負の遺産」が残っています。アメリカでも一頃、「Company Expansion（会社の拡張・膨張）」という言い方が「Company Growth（会社の成長）」よりも一般的に使われていました。そして観光業界だけを見ても、思い切り膨張した挙げ句に消えていったホテル企業や旅行会社は数え上げたらキリがありません。

国内を見ても同じことが起きていたようです。銀行から借り入れをして（貸し付けられて？）増改築を繰り返し、結果、従業員でさえも迷ってしまうような複雑怪奇な温泉旅館やホテルが増えたのです。適正成長速度を超えた結果、破裂して、今や廃墟同然となってしまったところも少なくありません。

リッツ・カールトンも、あのバブル期にさらにホテルの軒数を増やすことは可能でした。実際、日本国内だけ

でも、北から南、北陸から京都まで、多くの話を持ちかけられました。しかし、本社の結論は「NO」でした。「100年続く会社にするために、成長速度をどう設定するか」という基本理念を保ったこと、それがバブルにそれほど踊らされなかった秘密だと思います。

大手ホテル企業では、一晩で50軒、千人近い社員が増えたなどということが、頻繁に起きていました。そこでは社員一人ひとりの顔はまず見えない。社員の幸せを考える環境を整えることも難しい。

翻ってみると、人間も同じではないでしょうか。焦らず、ゆっくり自分を磨いていく。竹のように節をたくさん作り、大樹のように年輪を刻んでいく——、その先にビジネスパーソンとしての成熟が待っている。それが本来の成長の姿だと思うのです。

61
従業員の成長こそ、会社の成長

「社員の成長なくして会社の成長はない」
「会社の器は社長の器を超えることがない」

よく耳にする言葉です。では社員の成長とは何でしょうか。社長の器とは何でしょうか。

いま、人はほめて育てるのが一つの価値観になっています。リッツ・カールトンの「ワオ！ストーリー」や、「ファーストクラスカード」（『サービスを超える瞬間』参照）も、基本的には社員の良いところに焦点を当てて、心に栄養を補塡《ほてん》して、成長を促す仕組みです。

しかしここで見落とされがちなのが、たくましい精神の成長という価値観です。昭和20年代生まれの我々の時代と違い、今は物質的にもすべてがそろっているし何でも手に入る。親と子供、先生と子供、そして子供同士の心と心がぶつかり合い、揉み合うということもどんどん減っていくように思うのです。

そのままいずれ卒業して社会に出るわけですが、学校という傘がありませんから、いきなり冷たい風や雨が襲いかかってくる。モンスターペアレンツのもと、苦労を避けてきた温室育ちのひょろりとした草花のような心では、ちょっとした雨や風にもひとたまりもなく倒されてしまいます。そして七転び八起きどころか、一回でアウトです。一度叱られただけで会社に出てこなくなる、悪くするとそれだけで鬱になってしまう。

こういう時代、経営者は時として意図的に逆境を作り出し、自らの社員を育てていく度量を示すことが必要なのではないでしょうか。

怒るのは単に感情の爆発に過ぎませんが、叱るのは相手の成長に期待すればこそかけるエネルギーです。そのことを真剣に伝えて叱る。徹底的に叱り育てる。

順風満帆な会社員の人生なんて有り得ないし、それでは豊かな奥行きのある人間性は育ち難い。

雪に倒された竹のように、雪が解けたあといつの間にかすっくと立ち上がっている。そんな粘り強くしなり強い社員の心を育てることができるのは、最後は社長の器、すなわち度量と覚悟しかないのではないかと思うのです。

62

「できないと思ってやらない人」「できると思ってやる人」思う強さは、どちらも一緒

新人教育や研修のときに、これはよく思うことですが、「私には、まだ無理です」「ちょっと早すぎると思います」というフレーズを口にする人は、その後、多くの仕事の場面においても、「これも私には早すぎる」と思い続けます。

反対に、「できると思います。やらせてください」と肯定的に考える人は、背伸びしながらもチャレンジする人。結果的に「ちょっときつかったけれど、頑張ったらできた」「必要な時に、手伝ってくれる人が現れた」という自信や周りの支援が得られるのです。

ここで忘れてはならないことは、できないと思い込む人もできると思い込む人も、その思い込みの強さは、エネルギーの総量においてまったく変わりはないということです。ならば自分の成長を信じ、「できると思う」ことに全エネルギーを注いで挑戦するほうが、いい結果を生みます。

また、その姿勢が支援者の共感を生み、手助けを得られるという相乗効果も生まれるのです。

63

流れ去る日常を、時間を積み上げる日常に変えていく

自分の反省を踏まえてのことですが、人間というものは生まれつき怠け者なのではないかと思います。天性の努力家というのは、とても少ないのではないかと。

ですから、ちょっと油断するとすぐに安易なほうに流されてしまいます。仕事でも、少し経験を積んでコツを覚えてしまえば、そこそこの努力でこなす方法を覚えてしまいます。しかし、そこに「怖さ」が潜んでいます。

何となく作業をこなすような仕事を続けていくと、その日常は、やはり何となく流れ去っていきます。そこに進歩がない。それはつまり、周りが進歩していた場合、自分は後退していることを意味します。

頭角を現す人は、今日の仕事を通じて、自分も周りも成長するにはどう働くべきかを、自分に問いかけます。働くことの意味を考え、他人のために何ができるかを考えながら１日を過ごす。その時間は流れ去ることなく、確実に積み重なり、力となっていきます。

でも、そういう人生を送っている人は非常に少ない。だからこそ貴重なのです。そんなメンター（師匠）を必死で探して、その生き方に触れ、真似ることの意味はそこにあります。

64

社員満足や顧客満足は しなやかに考える

リッツ・カールトンの使命は、「社会に価値を創り出すこと」です。それをおいて会社の存在理由はないのです。リッツ・カールトンにとって社会は三つに定義されます。

・１番目に大切な社会は、社員とその家族

・２番目に大切な社会は、パートナーさん（業者さん）とその家族

・３番目に大切な社会は、リッツ・カールトンの本来のお客様

この優先順位が変わることなく、毎日の業務が遂行されていくことが理想といえます。

しかし、サービスの現場で、まずは社員満足からとこだわり過ぎて、その結果、お客様に対するサービスそのものがちぐはぐになってしまっては意味がありません。

社員が会社から大事にされていることを実感するのは大切なこと。しかし、お客様あってこそのホテルなのだ、お客様が最も大切な存在なのだ、とかみ締める時間もまた大切だと思います。

65

ルールは会社のため？それともお客様のため？

先日、名古屋駅近くの某ホテルのラウンジで打ち合わせを兼ねてランチをした時のこと。メニューをもらうと、サンドイッチしかありません。打ち合わせの相手が、きれいな着物のウェイトレスにたずねました。

「隣のコーヒーショップでカレーフェアをやっていたけれど、このラウンジではカレーは食べられないの？」

彼女は満面の笑顔でこう答えました。

「大変申し訳ございません。こちらでのお食事はサンドイッチのみとなっております」

リッツ・カールトンであれば、おそらく3分後には彼も私も美味しいカレーをほおばりながら、打ち合わせの続きをしていたところです。

では、ここで考えてみます。

彼女は何か、間違いを犯したということでしょうか。実は何ひとつ間違ったことはしていないのです。会社が決めた会社のためのルールを、優秀なスタッフとして守り通したということなのです。

決まり事やルールは誰のために、何のためにあるかというと、お客様のためではないことが多い。レストランやラウンジが多いホテルだと、そのホテルの経済性と効率性を追求してメニューの配分を決めてしまう。そして社員はしっかりとそれを守る。内部の指示命令系統は見事に出来上がっているのです。

では、自分が客の立場でそこにいた場合、会社の都合は自分には押しつけては欲しくない、というのが心情ではないかと思うのです。自分はお金と時間をかけてこのホテルに来ている。しかも、さらに食事にもお金を払いたいと言っている。

ひょっとすると、あのウェイトレスはカレーを出したいと思ったかもしれません。でもこのテーブルに出してしまうと、他のテーブルからも言われるかもしれない。どうしよう……。

「うちにはうちのやり方がある。いちいち客の言うことを聞いていたらキリがないだろう！」

そんな上司の声が頭にこだましたので、仕方なく「申し訳ございません」と言ってしまったのでしょう。

66

給料はガソリン、親切なひと言は潤滑油

農作業に欠かせない耕運機にトラクターがあります。ガソリンでエンジンが動き、その力がモーターを通して車輪に伝わるというシンプルな構造です。さてこのトラクター、もしもモーターや車軸と車輪のつなぎ目に潤滑油（機械油）を注《ざ》さず、ひたすら毎日、動かし続けたとしたなら、どうなるでしょうか。

部品が摩耗して熱を発し、そして間もなく壊れて動かなくなります。

だから農家は定期的に潤滑油をチェックして必要な部分に油を注しながら、トラクターが本来のパワーを発揮できるように調整をしながら使います。

企業に例えたとき、ガソリンは給料や生きがい、あるいは仕事の目的などであると言えるでしょう。

では、人はその「ガソリン」さえ供給されれば働き続けられるものでしょうか。給料はちゃんともらっている。養うべき家族があり、それなりに頼りにされている。仕事の責任も任せられている。でも何となく会社で感じるこのギスギス感。組織に対して、愛着というか、強い熱

意や絆を感じることができない。そんな思いを抱いている人は案外と多いように思います。

ひょっとして、潤滑油が足りていないのではありませんか。では、組織の潤滑油とは何でしょう。

それは、思いやりや愛《いと》おしみ、慈《いつく》しみから出てくる、「親切なひと言」に尽きると思います。

部下や仲間が仕事の辛さや苦しさにあえいでいるとき、ひと言、親切な温かい言葉をかけてあげる。

そのひと言は心の隅々まで沁み込んでいき、人間関係を滑らかにする計り知れない力を発揮します。

一番大切な財産である社員。その社員の働きを助け、成長をサポートするときに、潤滑油だけは決して注し惜しみしてはならないと思うのです。

しかもこの潤滑油、一切のコストがかからないのです。

Hospitality Note

第6章
ホスピタリティは
人と人との対話から

67

かつてホテルマンはお客様に育てて頂きました

昔は、多くのホテルマンがお客様に教えられ、鍛えられながら育ったものでした。私がホテルスクール生の頃、最初の研修で配属されたのは、旧麻布プリンスホテル（現フィンランド大使館）です。

小さい隠れ家的ホテルでほとんどが常連客。それも口うるさい方たちが揃っていました。

「キミね、その紅茶の入れ方じゃ味が抜けてしまうんだ。このホテルのやり方、習ってないのか。黒服（マネージャー）にそのくらい教わってから表に出てきてよ」

「さっき僕はだな、お客様と商談していたんだ。あんなタイミングで声をかけないでくれ。見たらそのくらい分かりそうなものなのに。まったく。昔のちゃんとしたホテルマンだったら、そんなの当たり前に気が利いたよ」

研修生だから、などという言い訳は一切通用しません。これは他のホテルに配属された仲間と比べて幸運でした。大型ホテルでは研修生用の仕事（作業）がほとんど決められていたようなのです。

若い頃の苦労は買ってでもしろ、と教えられた世代です。なるべくきつい仕事、人が避ける仕事を探しました。そしてお客様の前に出ては失敗し、叱られ、また懲りずに出ていく。そしてまた苦言を頂き、叱られる。

苦言は字の通り苦い。でも良薬のように段々と効いてくる。叱責は針で刺されたように痛い。でも、注射針のように、先からは確かに薬が送り込まれる。

昔のお客様たちは若いホテルマンを、そのような大人の目で見てくださり、声をかけてくださったのだと思います。伸びるホテルマンは、それに対し、「教えていただき、ありがとうございます」と返事をしたものです。そして、そのお客様は次に来られたとき、前に叱ったホテルマンに、「少し成長したな！」と、声をかけてくれたりしました。

いま、そういうお客様がほとんどいなくなり、それを楽しむホテルマンも少なくなってきたことは、寂しいものです。

68

「愛と思いやり」が組織と人を成長させる

新渡戸稲造の『武士道』にこういう言葉があります。

「愛、寛容、愛情、同情、憐憫は古来最高の徳として、すなわち人の霊魂の属性中、最も高きものとして認められた」――古くて最高に新しい感性だと思います。

リッツ・カールトンのラインナップにも登場するアメリカの思想家、エマーソンの言葉にこういうものがあります。

「心の奥底にまで達し、すべての病を癒やせる音楽、それは暖かい言葉である」

バブル期の転職。その動機の大半は給料や待遇でした。給料や福利厚生など、そのパッケージがよければ、人はどんどん移ったのです。

厳しい時代の転職。動機は何でしょうか。それは給料以外の見えない報酬だと思うのです。目には見えない、仕事のやりがいや生きがい、夢を共有する仲間との時間。まさに1983年、リッツ・カールトンの創業時に５人の仲間が、地位を捨てて集まった動機がそれでした。

転職先として考えている会社を訪問したとき、そこの上司が部下にかける暖かい言葉などを耳にするほうが、面接で100回、企業風土の良さを説明されるよりも、何ともいえない安心感が伝わるものです。

リーマンショック以来、さまざまな経緯を経て、転職を考えた人、あるいは余儀なくされた人が増えたと思います。それでなくても、人のつながりがどんどんと薄く弱くなっている時代です。

だから、これからの時代は、より一層、人が働きたくなる暖かい職場の雰囲気を醸し出していけたらいいと思います。暖かい言葉や優しい笑顔は、イヤイヤ働いている社員からは決して生まれることはありません。

お客様に、「このホテルのこの雰囲気、何だろう、この暖かさは」と感じていただける空気の本質は、すべて社員が醸し出しているワクワク感なのです。

69

つながっている組織、つながっている思い

自分たちの使命や目的が、トップから中間管理職、現場まで同じレベルとベクトルで一致している会社というのは強い組織です。言葉を換えればそういう会社は、1本の太い線でつながっている組織と言えるでしょう。

組織がつながっているかどうかを判断するのは簡単です。例えば、長野県伊那市にある「伊那食品工業」という会社。そこの若い社員に対する質問と答えです。

「仕事で尊敬する人は誰ですか？　どんな人になりたいと思いますか？」

「尊敬するのは会長や上司です。早く先輩たちのようにいい仕事ができるようになりたいです」

これ以上に組織がつながっていることを表すコメントはないと思います。この組織の根底にあるものは何でしょうか。それはトップの社員への愛情、働く者同士の尊敬、そしてすべてに対する感謝の念であると思います。

いまは転職を考える場合でも、たとえ給料がダウンしたとしても、転職先の企業の志や哲学に惚れ込んで移るというケースが増えていると聞きます。

不景気な時であっても、志や哲学や理念でしっかりと「つながっている組織」は強いのです。

70

言葉は行動の入り口。朝、雨が降っていても「今日は恵みの雨だな」と言ってみよう

私のメンターのおひとりである佐藤富雄先生。著書に『自分を変える魔法の口ぐせ』（かんき出版刊）などがあり、「口ぐせ」の理論などで有名な方です。出会ってすぐの頃、先生から教えられたのをきっかけに、あることを今でも忠実に実行しています。

それは朝起きたら、すぐに窓を開けてベランダに出る。そして声に出して、「今日もいい１日になるぞ」と３回唱えることです。自分の口から出た言葉を最初に聞くのは自分であり、その言葉に人間は直接、影響を受けるのだそうです。口に出した言葉というものは、それだけのパワーを持っているのでしょう。

出勤前のひとときき、雨を見上げながら「濡れて嫌だな」と口にするとその日１日、雨に濡れて嫌な１日になる。鉢植えを見ながら、「恵みの雨だな」と言った日は、街中の鉢植えが恵みの雨で嬉しそうに揺れているように見えてくる。

これは会社でも同じことです。毎日その職場でどんな言葉が交わされているかで、そこの人たちの行動が決まっていきます。ハツラツとした笑顔と声からは、生き生きとした行動が生まれます。逆に淀んだ暗い雰囲気とボソボソと話す声からは、生気のない投げやりな行動しか生まれてきません。

言葉と行動が習慣化されると、それが長い間に企業風土になるのです。明るくのびのびとした企業風土になるのも、重苦しくぎすぎすしたものになるのも、使われる言葉で分かれてしまうことがあるということです。

リッツ・カールトンの企業文化には、「何にでも感謝をする」という価値観があります。お客様にはもちろん、社員同士も、業者さん（パートナー）にも、そして働く場所にも機会にも感謝をする。

とにかく１日に何十回となく、「ありがとう！」の言葉を口にするのです。

71
目先の利益に振り回されると大きな利益に目が向かない

ハワイのマウイ島、その北西部に位置するかたちで、リッツ・カールトン・カパルアがあります。小高い丘に総工費数億ドルをかけて開発したホテルなのですが、実は起工式をした直後に問題が起こりました。

掘り起こした地中から、大量の遺骨が出てきたのです。現地の方々も知らなかったお墓の跡地で、開発によって明らかになったのです。

さあ、どうするか。早速、会議が開かれました。

当時のホテル開発は日商岩井とリッツ・カールトンとの合弁。遺骨をそっくり別の場所に移すことで納得してもらえれば、そのままホテルを建設できるので、コスト的には効率がいいわけです。しかし、日商岩井もリッツ・カールトンも、そこは「聖なる丘」と考えました。そして掘り起こされてしまった遺骨をきれいに埋め直し、その丘を元の状態に戻したのです。そして地元の祈禱師を呼び、島民たちに声をかけて鎮魂の儀式を執り行ったのです。

さらに日商岩井の担当者とリッツ・カールトンの開発

スタッフは、設計図を全面的に書き直しました。結局ホテルは数百メートルほど上にある丘に建てることにしたのです。投資から見たら、これは巨額の損失が出てしまう決断です。

しかし、その時の行動が、金銭的な損失以上のものを生み出してくれました。まず地元の人々がリッツ・カールトンに寄せてくださる想いが格段と違ってきました。

この出来事をきっかけに、リッツ・カールトンがやることなら何でも協力しようという雰囲気が生まれ、教会やゴルフ場など、地元にわずかに残っていた非協力的な空気も一気に変わっていったのです。

72 人は、育てようと思っても育たない育つ環境で初めて育つもの

私のゴルフは下手の横好きですが、上達したいためにこんな本を買ったとしたらどうでしょう。

「あなたもたった２カ月で石川遼になれる！」

「宮里藍のテクニックを２カ月で伝授！」

その本を読み込んだとしても、私が２カ月で石川選手や宮里選手になれる確率は「０」です。

料理人の世界ではどうでしょう。世界一流の料理人が調理本で育ったなどという話は聞いたことがありません。

一流とは、訓練に費やされた時間と実践に注ぎ込まれたエネルギーとの総量で、生まれるものだと思います。

さて、書店の棚には何十冊もの人材育成書がありますが、ここで考えなくてはならないことがあります。

「人を育てる」――これは正しい立ち位置でしょうか。

人が育つのは自ら成長しようと思った時だけです。つまり、「育つ」か「育たない」かしかない。すなわち育てるという表現は正しくないということになります。まず、ここから思考の軌道修正をする必要があるのです。

学校教育のように、知識を増やすための手助けは可能

です。しかし、それが人としての成長につながるかどうかは分からないのです。偏差値の高い人だけが志の高い立派な仕事をするとは限らないのが世の中です。

企業が考えるべきことは、「育ちたい」という意思を持った社員のために、「育つための環境整備」をすることであると思います。それは知識や経験、あるいは知恵をつけるための研修や教育の機会を充実させておくということだと思います。

ニューヨークにバーテンダーは星の数ほどいます。ではどうして、人はリッツ・カールトンのバーテンダーであるノーマン氏のところに多く集まるのか。少なくともカクテルの味だけではないことは確かです。

ノーマン氏は自分の使命を、「お客様に楽しいひとときを過ごしていただくこと」だと決めています。彼からは仕事の楽しさが伝わってくる。だからお客様も楽しくて仕方がないのです。

73

創業者シュルツィ氏と
リッツ・カールトンの成長

「社長の器の大きさ以上に、その会社が大きくなることはない」――洋の東西を問わず真理だと思います。

現在のリッツ・カールトンは1983年に米国ジョージア州のアトランタで誕生しました。それ以来、わずか四半世紀で世界各地に70軒を超すホテルやレジデンス、さらにゴルフ場を展開してきました。このクラスのホテルの展開としては、異例のスピードだと思います。

なぜ、このようなことが可能であったのでしょう。

私はつまるところ、創業者であるホルスト・シュルツィ氏の器の大きさにあったと思っています。器とは「夢の大きさ」「志の高さ」人を惹きつけて離さない「人間的な魅力」です。

初期の段階からすでに、世界展開していくリッツ・カールトンの姿が、シュルツィ氏の頭のなかで明確にイメージされていたそうです。アメリカで10軒ばかり開業して軌道に乗せたら売却しようと思うこともできたはず。しかし最初から彼は、「我々はホスピタリティの舞台で世界一の評価を目指す」と明確に意識していたのです。

74

win-winから生まれるホスピタリティのかたち

2009年の年末に、ある大手住宅販売会社の方からお手紙を頂きました。いつも売上げ成績が下位の常連だった某支店が、何とわずかの間に関東一の成績を収めてしまったというのです。

その方がたまたま私の講演会にいらしていたそうで、帰りに某支店の店長に電話をして、私の前著『リッツ・カールトンが大切にする　サービスを超える瞬間』をすすめてくださったのでした。

本なんか読んでいる時間はない、営業に廻らないと、と最初はしぶしぶ読み始めたらしいのですが、何かピンとくるものがあったらしい。翌朝、さっそく全社員分の本を買い込み、その日はオフィスを閉めて、営業に出ずに皆で本を読み合ったのだそうです。もちろん、その支店では前代未聞の出来事。

そして読み終わったあとで、これを自分たちの職場に置き換えた時、何ができるのかを、古参営業マンから入社したての事務の女性まで、みんなで語り合った。すると次の日から仕事の仕方がガラッと変わった。週末にたまに自転車で顔を見せる年配のご夫婦。いままでご夫婦の自転車がホコリと泥で汚れていることにすら気がつかなかった。店長は、うちに来るために汚れてしまったのかもと思ったとたん、身体が勝手に動いて自転車を磨いていた。ついでにタイヤの空気まで補充しておいた。驚いたのは戻ってきたご夫婦です。店長の手を握ってお帰りになったそうです。

またある若いカップルが、早朝の商談の最中に「小腹が空いたね。あとで食事していこうか」と話しているのを耳にした事務の女性。近所で評判のパン屋さんに猛ダッシュして、美味しい菓子パンとコーヒーを買ってきて、「よろしかったらいかがですか？　ここのパン、美味しいんですよ」と差し出したそうです。これに一番驚いたのは店長でした。

以前のあの重苦しい空気はどこにいったのだろう。みんながこんなに楽しそうに仕事をしている。売ることばかり考えていたときは売れなかった。いまはお客様のことだけを考えている。すると買って頂ける。

まさに「Win-Win」を実感された瞬間だったのです。

75

First thing, first!（最初にすべきことを最初にする）

スティーブン・コヴィー博士は、名著『７つの習慣』のなかで、「First thing, First（最初にすべきことを最初にする）」と言っています。

企業のリーダーは、自分の会社にとって何が一番大事なのかを常に自問自答してみる必要があります。それは、お客様満足であったり、社員の幸せであったり、あるいは販売力や商品開発力であったりします。

では、「お客様満足の追求」が一番大事だという答えが導き出されたとします。そこで検証してみます。

「会社にとって一番大事なものが、本当に一番大切にされているかどうか」を。例えば社内会議などが「お客様満足の追求」という目線で進められているか。会議のたびに、営業成績や収益の話から始まって、そのまま売上げの話だけで終わったりはしていないか。

「お客様第一」の会議ならば、まず先に電話やメールで頂いたご要望の件や苦情の件を話し合うべきです。言葉ではお客様が大事と言いながら、会議の席で売上げのことばかりが話されていませんか。そうなると、お客様満足というのは建前であり、お客様満足というメッキの下に売上げ至上主義という本音が隠れていることが、社員にはばれてしまうわけです。

お客様満足の追求は目的ではなく、収益を上げるための手段なのだと分かってしまうのです。それが社員に分かった以上、経営陣がどんなにお客様のためにとか、お客様満足とかいって旗を振っても、誰も見向きもしなくなる。見ている先は収益の達成のみということになってしまうのです。

反対に、一番大切なことは何かという価値観が共有されている組織は強い。各々がどんな役割をすべきかが分かっている。そこで働く社員には迷いがありません。

そしてリーダーとスタッフとの間にもまた、強固な迷いのない信頼関係が構築されていくと思うのです。

76

できない理由を探してはいけない

仕事におけるプロフェッショナルとアマチュアの違いは何でしょうか。

いろいろ上がるでしょうが、私は、「できない理由を探さない」のがプロ、「できない理由をいくらでも探す」のがアマだと思っています。

ゴルフのスコアが90を切れない理由を、私はいくらでも挙げることができます。クラブの硬さに始まり、靴や手袋、ボールの質、コースや風、一緒に廻るパートナー、前の晩の飲み過ぎなど。では80台でラウンドするための努力をしているかといえば、していません。

ゴルフは私にとって趣味の世界だからです。だから支障はないのです。下手な分、いろいろしっかり払いますから、カモとしても重宝がられています。

これがビジネスの世界となるとまったく話は違います。プロとして最大限の力を発揮しなければなりません。ホテルの現場でも、例えば会議やイベントの内容を詰める場合など、一見無理なリクエストにしか思えないようなものもたくさん出てきます。つい、できない理由を頭のなかで探していることもあります。

ずいぶん前ですが、マウイ島のリッツ・カールトンに超ＶＩＰグループを迎えたときのことです。２日間の会議のあとで、大型クルーザーを借り切って釣りがしたいというリクエストがありました。ここまでは普通のリクエストです。この次がふるっていたのです。

「必ず大漁でなければ困る」

海は自然のものですから、その日の潮加減や気候でどうなるか分からない。海に「必ず」はありません。しかし、担当者（旅行代理店の方）は、メンバーからのプレッシャーでしょうか、「大漁じゃないと日本に帰れない」と譲らないのです。

こうなるとプロのプライドに火が点きます。まず何をするにしろ、応分の費用がかかることを「プロ」としてお伝えしました。そしてヘリコプターを契約し、魚影を探しました。それをクルーザーの船長に逐次、伝えて魚に近づいたのです。

結果は、もちろん大漁！

代理店の方は、ほとんど号泣状態でした。

77

人を使う組織、人を活かす組織

「あの部長は人を使うのが実にうまい」

「うちの会社は150人の社員を使っています」

「ちょっとした人の使い方のコツを覚えれば……」

これらはどこでも普通に聞かれる言い方です。

ここで、立ち止まって考えてみましょう。

そもそも、農器具やオフィス機器、大工道具などを使うのと同じように、人を使うという発想は、会社として正しい立ち位置なのでしょうか。

リッツ・カールトンのなかには、「Hiring（人を雇う）」という表現はなく、「Selection（人材を選択する）」という言い方をしています。

この2つの言い方の違いは、どこにあるのでしょう。

今はそんなことはありませんが、昔の農村では、大地主や庄屋が、一部の農民を牛馬と同じように農作業に「使って」いました。使われている側には、その作業をこなすという選択肢以外は与えられていません。

いまは農家もそうですが、どこの組織も明確なビジョン（志）やミッション（使命）を掲げています。そして、ビジョンの実現に向けて活動するとき、多くの才能が求められる。だから、才能を選択して力を結集する必要があります。よって「Selection」なのです。

すなわち社員は、雇って酷使するものではなく、才能を提供してくれるパートナーなのです。

経営者の役目は、ビジョンを示し続けること、人材と資源とを活かすこと、そして、存続するための仕組みを強化していくことだと思います。

この信念に立脚した組織には、「人を使う」という発想が生まれる余地はない、はずなのですが……。

あとがき

いままで私は、いろいろな地方自治体で、ホスピタリティについての講演や研修をさせていただきましたが、2009年に人生で初めて、地方行政を自分自身のこととして強く意識する経験をしました。10月の長野市長選挙に出馬したのです。長野は私の生まれ故郷でした。

私の講演やセミナーを聴かれた長野の方がたからの、

「ホスピタリティ溢《あふ》れる心温かな長野市にするために、ホテル業界で培ってきた感性をいかして、市長選に出て欲しい」

という１年越しの熱い要望に、「応えなければ！」と、冷や汗が出るような決断をしたのです。不安だらけでしたが、35年間のホテルマン人生にピリオドを打ち、まったくの未知の世界に飛び込みました。

結果は敗北でしたが、わずか１カ月弱の準備期間にもかかわらず、現職に651票という僅差まで迫ることができました。当初は泡沫候補とみなされた私が、この結果を出せたのは、もちろん私の能力云々ではありません。おそらく、保守的な特性をもつ長野にさえ、「役所を変えよう！　新しい活力を注入する時期がきている」と感じる多くの市民がいらっしゃったからだと思います。

つまり、地方活性化の青写真として私が提唱し続けた「ホスピタリティ社会の実現」という夢に、賭けて下さったのではないでしょうか。

これはまさにリッツ・カールトンという舞台で、われわれが実現してきたホスピタリティの形、リーダーシップの姿とほとんど同じものなのです。

一人ひとりが、組織を、地域を、そして仲間を愛し、大事にする心を持つ。それがすべての出発点といえます。

これからの時代は、「サービスを超える瞬間」――つまり「ホスピタリティの実現」が、行政も含めて、医療、流通、金融、教育、製造など、あらゆる産業や組織において、ますます重要なキーワードとなっていくのです。

そして、その「ホスピタリティ」の真髄は、自ら行動を起こすことにあると思います。

自分にできる小さなことから始める。挨拶やお掃除、ひと言の声掛けなどでもいい。今まで以上に意識するだけで、たくさんの物語が生まれることに気づきます。

それが「積極的な原点回帰」、つまり世の中のことはすべて、人と人とのつながりの上に成り立っているという原点に立ち返ることを意味するのだと思うのです。

あなたとあなたの周りが、つねにワクワクされますことを祈って！

【著者紹介】

高野　登（たかの・のぼる）

◉――1953年、長野県戸隠生まれ。ホテルスクール卒業後、ニューヨークに渡りホテル業界に就職。82年、念願のNYプラザホテルに勤務後、LAボナベンチャー、SFフェアモントホテルなどでマネジメントも経験。90年にリッツ・カールトンでサンフランシスコをはじめ、マリナ・デル・レイ、ハンティントン、シドニーなどの開業をサポートし、同時に日本支社を立ち上げる。93年にホノルルオフィスを開設した後、翌94年、日本支社長として日本に戻る。リッツ・カールトンの日本における営業・マーケティング活動をしながら、97年にザ・リッツ・カールトン大阪、2007年にザ・リッツ・カールトン東京の開業をサポートした。

◉――著書『リッツ・カールトンが大切にする　サービスを超える瞬間』『絆が生まれる瞬間』（いずれもかんき出版刊）は、「ホスピタリティのバイブル」といわれ、シリーズ30万部を超えるベスト＆ロングセラーになっている。サービス業のみならず、企業、病院、学校、地方自治体などでも教材として使われている。いまや“ホスピタリティの伝道師”として、リッツ・カールトンの成功事例を中心に、企業活性化、人材育成、社内教育などのセミナーや講演依頼が後を絶たない。

◉――高野氏の講演を聴いて感動した長野市の人たちが、「ホスピタリティあふれる市役所を！」と1年がかりで2009年の市長選出馬を懇願。投票日まで1ヶ月弱という選挙準備期間にもかかわらず、現職に僅か651票差で惜敗し話題になる。地方の行政にもホスピタリティが求められていることがあらためて実証された。

リッツ・カールトンで育《はぐく》まれたホスピタリティノート　〈検印廃止〉

2010年7月20日　第1刷発行
2011年10月17日　第5刷発行

著　者――高野　登©
発行者――斉藤　龍男
発行所――株式会社かんき出版
東京都千代田区麴町4-1-4西脇ビル　〒102-0083
電話　営業部：03(3262)8011㈹
編集部：03(3262)8012㈹
FAX　03(3234)4421　振替　00100-2-62304
http://www.kankidirect.com/

印刷所――ベクトル印刷株式会社

乱丁・落丁本は小社にてお取り替えいたします。

ISBN978-4-7612-6687-5 C0034